Et si on travaillait tous ensemble !

Michel Bucquet

Et si on travaillait tous ensemble !

Les Éditions du Panthéon
12, rue Antoine Bourdelle – 75015 Paris
Tél. 01 43 71 14 72
www.editions-pantheon.fr

Illustrations intérieures et de couverture : Patrice Léger

ISBN 978-2-7547-3840-8

SOMMAIRE

PRÉFACES

Bon nombre de comparaisons ont été développées entre le sport et la vie en entreprise et le fil rouge du livre de Michel, *Tous ensemble*, est un slogan souvent entendu au sein des enceintes sportives, chanté voire crié par les supporters encourageant ainsi leurs favoris.

Si les méthodes se succèdent, se sophistiquent... elles ne sont pas suffisantes en elles-mêmes. Décrivant de multiples exemples, *Tous ensemble* montre sans ambiguïté que ce sont les femmes et les hommes qui font cette différence... en appliquant ces méthodes.

Mais que mes propos ne soient pas mal perçus : bien utilisées, ces méthodes peuvent aider à ce que les collaborateurs d'entreprise se dépassent. Par exemple, les méthodes « disruptives » les amènent à « sortir du cadre », à oser l'innovation. Et pourtant, elles sont somme toute assez simples et maîtrisées.

La prise de décision est la clé lors d'un projet et pourtant, elle est toujours sujette à débat. Les décisions doivent être objectives, condition indispensable pour qu'elles soient partagées par des acteurs aussi différents que le marketing, la R & D, la fabrication et la force de vente.

Les comportements individuels, souvent hyperspécialisés, de ces différents métiers, doivent être bannis pour qu'émerge l'intérêt collectif (du projet, de l'entreprise, du client) qui ne se concrétisera que par une bonne communication.

La communication doit permettre le lien entre la direction (souvent le donneur d'ordre) et les réalisateurs du projet, amenant à ce que les objectifs soient négociés pour être tout à la fois un challenge mais atteignable. De cette discussion « Tous ensemble » apparaîtront les fonctionnalités indispensables au projet et les éléments « non demandés » peu créateurs de valeur. Mais à chacun son rôle : les premiers devant définir le « quoi et le quand », lorsque les réalisateurs choisiront le « qui et le comment ».

Cette approche « Tous ensemble » évitera bon nombre d'erreurs classiquement rencontrées dans les Retours d'Expérience (les REX indispensables à réaliser à la fin de chaque projet) :

– Pousser une solution technique sans avoir bien analysé le besoin du client ;

– Se mettre à la place du client, plutôt que de l'interviewer d'une façon approfondie ;

– Minimiser voire oublier une fonctionnalité (surtout si elle indispensable mais non énoncée clairement par le client) ;

– Oublier de revoir périodiquement le cahier des charges qui peut évoluer durant la vie du projet ;

– Ne pas associer tous les acteurs (achats, production, logistique) que l'on a toujours tendance à solliciter trop tard.

Si, généralement, nous ne manquons pas « d'historiens » qui expliquent avec brio ce qu'il aurait fallu faire, qui théorisent sur le passé, l'innovation et la prédiction du futur sont un exercice bien plus difficile qui ne peut se révéler performant que s'il résulte d'un travail « Tous ensemble ». Cet ouvrage décrit des exemples issus de différentes entreprises, actrices sur des marchés variés, depuis la grande consommation jusqu'aux hautes technologies spatiales.

J.-J. Lebrun
Directeur R & D, Innovation Adisseo
(Nutrition animale,
filiale du groupe chinois Blue Star)

La recherche de compétitivité est, pour tout industriel, une composante essentielle de son action. Comme on le sait depuis longtemps, il ne s'agit pas d'une action exclusive de réduction de coûts mais bien la satisfaction profitable pour l'entreprise d'un besoin client.

Dans cette quête du Graal, les entreprises se dotent d'outils en interne et font appel à des consultants expérimentés qui sont censés leur amener les outils éprouvés par un important benchmarking, mais aussi une approche différenciée, hors du cadre, permettant de dépasser les limitations internes pour atteindre l'objectif.

Michel Bucquet contribue à éclairer la composante fondamentale, dans ce voyage, en décortiquant, à travers de nombreux exemples qui replacent les enjeux réels de chacun des cas (issus d'industries aussi diverses que les bas de contention et les satellites), c'est-à-dire ce qui est sous-jacent et finalement le plus important dans toutes ces expériences : la qualité, l'intensité et l'exigence du travail partagé entre toutes les équipes.

Et il s'agit bien de l'intelligence collective dont on parle : la richesse la plus précieuse d'une entreprise ce sont les femmes et les hommes qui la constituent par leurs talents individuels. Mais cela ne serait rien si cette énergie créatrice individuelle n'était pas mise au service de l'ambition et de l'objectif commun. Une collection de stars ne fait pas une équipe, seule l'activation des ressorts de l'intelligence collective au service d'une ambition commune transcende chaque contributeur pour créer une valeur plus grande que celle issue de la somme des individualités mues par leurs propres motivations, non cohérentes entre elles.

Pour illustrer ce propos, Michel Bucquet commence par rappeler que toutes les techniques fondamentales (design to X, design thinking, innovation disruptive… la liste est longue), qui se renouvellent à travers des phénomènes de mode en permettant ainsi de les adapter aux enjeux de l'époque, doivent être au service de ce travail humain collectif, qui de fait est l'ingrédient indispensable au succès.

Je suis frappé, en tant que CEO, de voir nombre de consultants bien identifier les « chapelles » de l'entreprise, en les désignant souvent comme la cause majeure des difficultés, sans pour autant amener de façon systématique des réponses concrètes pour les surmonter.

Par contre, j'ai tout de suite partagé l'approche de Michel Bucquet, dont la démarche proposée met au centre du jeu la communication entre tous les acteurs. En effet, il va plus loin en objectivant, à travers, en particulier, l'analyse fonctionnelle des besoins et la valorisation du coût vrai des fonctions (y compris celles non demandées par le client), des consensus de solution vraiment partagés via le génie innovant du travail en équipe. Et cela implique tous les niveaux, toutes les fonctions de l'entreprise, que ce soit l'actionnaire, la direction générale, le commercial, la R & D ou la production, sans oublier les partenaires et les fournisseurs, trop souvent « spécifiés » plutôt qu'associés.

L'efficacité du travail collaboratif n'est pas à démontrer, c'est un fait, une évidence. Il reste, pour tirer la quintessence du talent humain, à savoir l'organiser, car il ne suffit pas de le décréter, il y a un travail de préparation pour objectiver pour chacun, dans son rôle et sa position, sa contribution vraie et totale afin que l'intelligence collective « se mette en route ».

Ce livre me paraît amener une réponse très encourageante sur le fond de ce travail collaboratif, tout en intégrant les méthodes et outils éprouvés permettant de traiter tel ou tel aspect du problème posé.

Bonne lecture et si on travaillait tous ensemble…

Jean-Loïc Galle
CEO Thales Alenia Space
Division spatiale du groupe Thales

REMERCIEMENTS

Je remercie mon épouse Brigitte qui m'a incité à écrire ce livre, pour transmettre mes expériences et mes façons d'appréhender la vie des entreprises.

Je remercie mon ami Georges Senot qui a consacré de son temps à relire mon manuscrit et à apporter son soutien et des remarques pertinentes.

Je remercie mon ami Patrice Léger qui a mis à mon service son talent de dessinateur et son humour pour réaliser les illustrations de mon livre.

Enfin, je remercie toutes les entreprises clientes qui m'ont permis de m'épanouir en collaborant avec elles pour accroître leurs performances à la fois humaines et économiques. Pour des raisons de confidentialité je ne les citerai pas, mais, de toutes les façons, la liste aurait été trop longue... Cependant, certaines se reconnaîtront facilement à travers les analyses et les exemples cités !

Michel Bucquet

INTRODUCTION

Des mots nouveaux, souvent en anglais pour donner une dimension internationale et supprimer l'image jugée désuète de nos expressions françaises, sont utilisés pour désigner des méthodes « nouvelles » qui doivent obligatoirement être appliquées pour trouver enfin des solutions innovantes, garantir le développement de l'entreprise et dynamiser le potentiel des personnes.

Design to Cost, lean management, roadmap, design thinking, méthode disruptive... autant de terminologies dont il faut se gargariser, avec leur présentation sous forme de Cloud...

Depuis plus de 25 ans que j'applique, en tant que consultant, dans diverses entreprises, les méthodes d'optimisation au sens large, je constate que les approches ne changent pas et que, sous un emballage nouveau, les bonnes vieilles techniques sont toujours présentes et efficaces.

Nous devons lancer une action lean development pour améliorer le Time to Market et transformer de façon radicale les anciennes façons de travailler.

Il y a 20 ans déjà, nous cherchions à réduire les cycles de développement, à fiabiliser les délais pour respecter les dates de mises sur le marché et à accroître la réactivité, essentiellement pour damer le pion aux concurrents. Il n'y a aucune différence, seule change la terminologie utilisée.

Nous devons absolument mettre en place des actions de Design to Cost (DTC) et même de Redesign to Cost, voire des actions de Design to X (DTX), si le coût n'est pas le paramètre prioritaire à optimiser.

Il y a 20 ans, nous appliquions une démarche de Conception à Coût Objectif (CCO) qui avait pour but de sensibiliser les concepteurs à l'impact de leurs choix techniques sur les coûts et à chercher une solution permettant d'atteindre le coût cible, imposé par le marché et les concurrents ou fixé par la société.

Le DTC est donc la traduction en anglais de la CCO...

Pour innover, pour approcher les nouveaux marchés, pour définir de façon structurée et pertinente les besoins des clients, il n'existe pas d'autres issues que de recourir au design thinking.

Il y a 20 ans, nous appliquions, avec une équipe pluridisciplinaire, la méthode dite d'analyse fonctionnelle et nous définissions de façon exhaustive le besoin émis par le « client » (un client identifié ou le service marketing de l'entreprise) ou nous cherchions à imaginer les fonctions qui pourraient offrir un nouveau service, en positionnant le niveau de performances souhaité. Cette démarche nous permettait de rédiger le cahier des charges du client, organisé en fonctions demandées avec le niveau de performance précisé, et aussi d'établir un document innovation pour cibler un nouveau marché et innover. Nous faisions déjà sans en avoir conscience du design thinking, comme d'autres faisaient de la prose sans le savoir.

L'essentiel n'est pas le nouveau nom « tendance » donné aux méthodes à déployer mais de toujours avoir à l'esprit que ce sont les hommes, et eux seuls, qui assurent l'avenir des entreprises et le succès des produits offerts.

J'ai constaté que nos sociétés françaises avaient un savoir-faire extraordinaire et qu'il fallait peu de chose pour faire surgir le potentiel créatif et innovant des personnes.

Un de mes clients m'a demandé si nous utilisions, dans nos animations d'équipe projet, les « méthodes disruptives »... J'avoue qu'à ce moment-là, je ne connaissais pas ce terme, mais j'ai vite compris qu'il s'agissait de déstabiliser les personnes, pour les amener à sortir du cadre et à faire apparaître des solutions nouvelles et innovantes.

Dans les années 1990, Yves Dubreuil a utilisé, sans le savoir non plus, des méthodes disruptives pour créer et développer la Twingo. Ces approches hors des sentiers battus ont permis de mettre sur le marché une voiture surprenante et à un prix très bas.

Il faut recentrer les équipes de conception sur le besoin à satisfaire, en prenant en compte l'aspect financier.

Le colporteur, par habitude, transporte nombre d'accessoires qui ne sont pas recherchés par le client, il ne s'intéresse pas aux besoins de ses acheteurs et effectue ses choix de produits à vendre sur la base de leur technicité sophistiquée. Par peur de ne pouvoir satisfaire la demande, il augmente, par précaution, les volumes offerts, sans positionner les stocks au bon endroit et, de ce fait, est accablé sous la charge, et dépasse, en hauteur et en largeur, les dimensions du tunnel qui se profile devant lui...

Le but des méthodes « disruptives » est de remettre en cause les habitudes, pour sortir du cadre et ne retenir que des choix techniques, qui répondent strictement aux besoins du client, en faisant abstraction de l'envie des ingénieurs qui cherchent à se faire plaisir avec des solutions nouvelles et compliquées, et de remplacer les précautions/marges par une véritable analyse des risques de la solution envisagée...

Toutes ces actions permettent de respecter les contraintes financières du marché visé, de réduire « les dimensions » du produit développé et de vendre celui qui a été conçu.

Pour arriver à bousculer les concepteurs et à tirer le meilleur d'eux, nous avons recours à plusieurs méthodes, dont les effets et avantages seront détaillés dans les prochains chapitres de ce livre, entre autres l'analyse de la valeur, pour identifier le juste nécessaire pour remplir les fonctions définies et mettre en exergue les gisements d'optimisation, la créativité fonctionnelle, pour prendre du recul par rapport à la solution technique et trouver d'autres façons de satisfaire les fonctions, le benchmark interne ou externe pour chalenger la recherche d'idées... Ces techniques connues et performantes font partie de l'ensemble des méthodes disruptives...

Sans attacher trop d'importance aux noms des différentes approches, il ne faut pas oublier que les méthodes sont au service des hommes et qu'elles doivent rendre plus facile la conception des produits et l'optimisation du fonctionnement de l'entreprise, pour renforcer la place de cette dernière sur les marchés et assurer sa croissance et sa survie grâce à une rentabilité suffisante : la réussite d'un développement de produit nouveau est liée pour 20 % aux connaissances techniques et 80 % à la communication entre les membres de l'équipe projet et au sein de l'entreprise.

Ces échanges et le travail en commun, en utilisant au mieux les compétences de chacun, ne sont possibles et efficaces que si des éléments, des actions non contestables et validés par tous, servent de base pour prendre des décisions objectives en commun. Il est important que les compromis qui doivent être effectués pour arriver à un consensus soient justifiés par une approche structurée, qui amène naturellement à évoluer et à aboutir à un choix commun des acteurs impliqués de l'entreprise.

> « En travaillant ensemble et réunissant nos richesses nous pouvons accomplir de grandes choses. »
>
> Ronald Reagan,
> *acteur et ancien président des USA*

Les démarches méthodologiques doivent avoir pour seul but de permettre aux comportements individuels d'évoluer ; ainsi, chacun fera abstraction de son intérêt personnel pour ne penser qu'à celui de l'équipe, de l'entreprise ou du client.

L'objectif de ce livre est, par des exemples concrets, dans des secteurs d'activité très différents, de montrer comment des méthodes simples et maîtrisées (et ce quel que soit leur nouveau nom de baptême) contribuent à instaurer une communication entre les différents acteurs et à assurer la réussite du projet et des objectifs souvent ambitieux de l'entreprise.

Chaque chapitre exposera de façon théorique les dysfonctionnements issus d'une mauvaise communication entre les intervenants et détaillera comment l'application d'une ou plusieurs méthodes a permis de traiter ce problème.

J'espère que la lecture de cet ouvrage vous donnera une nouvelle vision de l'application des méthodes/outils, que vous en évaluerez l'impact sur le fonctionnement interne de l'entreprise et que votre décision de les utiliser sera liée aux résultats attendus et non au fait qu'elles sont « à la mode ».

CHAPITRE 1

RELATION R & D ET DIRECTION

Trop souvent, l'équipe projet se voit imposer par la direction de l'entreprise des objectifs non négociés.

Quand le diktat tombe sur le chef de projet et son équipe de réduire, par exemple, de 30 % le coût d'un produit, leur réaction est de ne pas mettre en œuvre tous les moyens pour l'atteindre.

L'équipe projet pense que cet objectif est totalement irréaliste, que la direction n'a aucune vision de leur compétence et de leur travail de conception et elle n'en tiendra donc pas compte…

La direction peut aussi enfermer l'équipe projet dans un carcan de contraintes qui vont limiter les possibilités de remise en cause des solutions et rendre encore plus difficile l'émergence de solutions optimisées.

Les contraintes peuvent concerner :

– La date de mise sur le marché du produit, pour être présent sur un salon qui ne se tient que tous les ans, mais cette contrainte peut être totalement intenable compte tenu des délais de développement ;

– Le recours exclusif à des compétences internes, alors que des technologies nouvelles innovantes ont été identifiées et exigent le partenariat avec des experts externes ;

– L'utilisation d'un site de production, bien que ce dernier utilise des méthodes et lignes vieillissantes ;

– L'utilisation des moyens industriels existants sans possibilité d'investir dans de nouveaux équipements ;

– Un retour sur investissement trop court, interdisant des solutions innovantes et essentielles pour rester présent sur le marché ;

– Etc.

Cette liste n'est certes pas exhaustive, mais il faut noter qu'un objectif et/ou une contrainte non justifiée imposés par la direction à l'équipe projet seront difficilement acceptés et pris en compte.

Un projet ne réussira que si le périmètre qui lui est imposé peut être remis en cause, validé et accepté au final par le chef de projet et son équipe.

Dans certaines sociétés, en particulier dans le secteur automobile, un contrat est passé entre le chef de projet et sa direction, le chef de projet accepte les conditions et s'engage à les respecter. Une négociation a été menée et les objectifs, les contraintes initiales, ont été adaptés et validés entre les 2 parties.

Ce contrat garantit le bon déroulement du projet et, dans la quasi-totalité des cas, les objectifs sont atteints, tout en respectant les contraintes.

Un des points essentiels est l'accord sur le coût objectif à atteindre...

Lorsque nous travaillons avec une équipe projet, une des premières actions est de valider cet objectif.

L'équipe projet, même lorsque nous sommes proches d'une page blanche, a très souvent un concept en tête.

En analysant ce concept par rapport aux fonctions à satisfaire, nous pouvons mettre en évidence les gisements d'optimisation en appliquant une macro-analyse de la valeur.

Cette approche méthodologique a pour but de rechercher dans le concept analysé ce qui satisfait la fonction à son juste nécessaire de performance, dans l'absolu, sans chercher à trouver la solution qui s'en rapprocherait. Il s'agit de faire abstraction des connaissances actuelles et de ne ressortir de la solution que ce qui est vraiment utile... Le reste est désigné par le terme « non demandé », mais je lui préfère « gisement potentiel » qui est moins choquant pour les équipes de conception. Ce qui est affecté en « gisement potentiel » ne va pas être supprimé, mais une recherche de solutions nouvelles et innovantes sera menée pour réduire la part de ce « non demandé ».

L'exemple simple et percutant, qui suit, vous aidera à comprendre la notion fondamentale de cette démarche.

L'équipe projet doit concevoir un produit pour remplir les fonctions suivantes :

– « Offrir un plan de travail à l'utilisateur » avec des critères de résistance au poids, de hauteur, de dimension selon les activités prévues ;

– « Plaire à l'utilisateur », avec des critères d'esthétiques définis.

La solution de référence est une table, avec un plateau bois et un revêtement décoratif, 4 pieds, un cadre d'assemblage, des vis...

Pour satisfaire les fonctions précitées, en analysant la solution, il faut s'interroger :

– Quel sous-ensemble est fonctionnel ?

– Quel sous-ensemble est non demandé ?

Prenez-vous au jeu et essayez de répondre à ces questions, sans lire directement la suite...

Le plateau est-il fonctionnel ? Oui, il faudrait s'assurer que son épaisseur permette de satisfaire au juste nécessaire le niveau de résistance demandé, que les dimensions soient aussi adaptées... mais le plateau est pour l'essentiel fonctionnel ;

– Le revêtement est-il fonctionnel ? Oui, car il est présent pour satisfaire la fonction plaire ;

– Les 4 pieds sont-ils fonctionnels ? Non, car c'est la solution connue actuellement mais elle ne correspond à aucune fonction... Au contraire, elle occasionne une gêne pour se mettre autour du plateau. Il faut au moins se poser la question, dans une étape suivante, de savoir si une autre solution pourrait être trouvée... Peut-être qu'à la fin la conclusion sera que les pieds sont le meilleur choix, mais une recherche innovante aura été déclenchée ;

– Le cadre d'assemblage et les vis sont-ils fonctionnels ? Je suis certain que vous avez maintenant répondu non...

Cette approche du « non demandé » est le moyen de sortir des habitudes et de se remettre en cause.

Cette analyse, orientée satisfaction des fonctions, permet de connaître le pourcentage total de « non demandé » dans le produit/concept étudié et, sur la base de ce pourcentage, de définir le coût objectif qui peut être atteint de façon certaine :

– Un produit optimisé a au minimum 20 à 25 % de coût « non demandé », ce seuil nous donne le pourcentage de réduction à viser ;

– Si le non demandé représente 40 %, l'objectif sera une réduction de 15 % (40 %-25 %) ;

– Si le non demandé représente 60 %, l'objectif sera de 35 %...

Même si, à ce stade, l'équipe projet n'a pas la solution, mon expérience prouve que l'objectif fixé ainsi est systématiquement atteint.

Cette information servira de base à la négociation avec la direction de l'entreprise pour définir le coût objectif sur lequel l'équipe projet va s'engager.

Tous ensemble, la direction et l'équipe projet ont validé des objectifs et des contraintes. La recherche de solutions optimisées et le déroulement du projet se passeront alors dans de bonnes conditions.

Deux exemples qui suivent illustrent de façon concrète comment l'application de méthodes « tous ensemble » a permis de lever certaines contraintes et de valider un objectif de coût. Ces méthodes ont permis d'avoir un échange entre les parties sur la base d'informations objectives et reconnues par tous.

La communication entre les différents services a donné les bonnes orientations au travail, suscité le dynamisme et renforcé les liens au sein de l'équipe projet et entre cette dernière et la direction de l'entreprise.

> « Il semble que la perfection soit atteinte non quand il n'y a plus rien à ajouter mais quand il n'y a plus rien à retrancher. »
>
> Antoine de Saint-Exupéry,
> *écrivain, poète, aviateur et reporter*

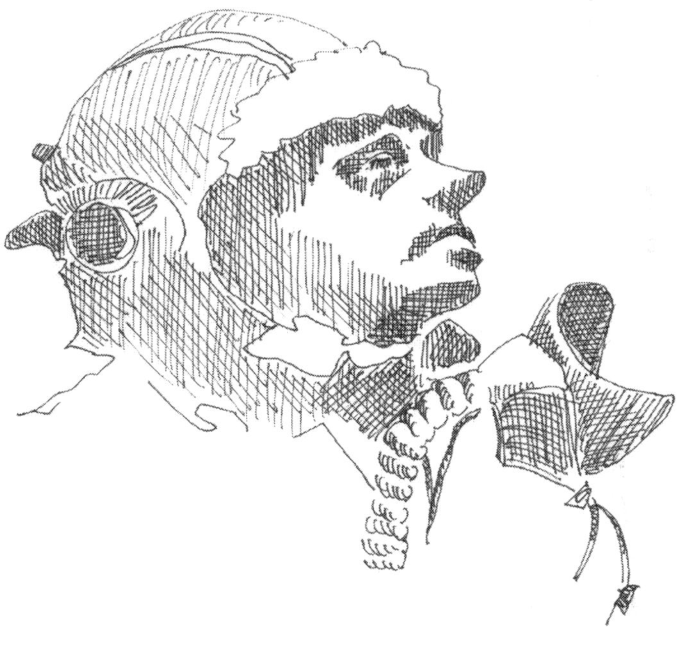

On a travaillé tous ensemble !

Dans le cadre d'une prospection commerciale, j'ai rencontré le directeur général d'une société, leader dans le domaine de la conception et de la fabrication des sièges pour transports en commun.

Cette société était confrontée à une demande très pressante de son client principal, la SNCF, de réduire la masse et le coût des sièges TGV Duplex 2e classe de 20 % (pour chacun des 2 paramètres).

Diminuer la masse de 20 % ne posait aucun problème, l'utilisation d'alliage léger permettant d'atteindre facilement l'objectif ; par contre, ce choix entraînait une augmentation très importante du coût du produit, allant totalement à l'encontre de l'autre exigence de la SNCF...

Le directeur général m'a demandé si j'acceptais le défi de travailler avec ses équipes, en appliquant les méthodes dont je lui avais vanté les mérites, pour réussir à réduire simultanément la masse et les coûts.

Aimant les challenges, et sans avoir analysé le siège TGV Duplex, j'ai accepté.

Au cours de la première réunion avec l'équipe projet (qui intégrait des personnes du bureau d'études, la personne en charge des relations commerciales avec la SNCF, des personnes de la production), nous avons fait le point sur les contraintes imposées par la direction de l'entreprise. Il est ressorti qu'il avait été demandé à l'équipe projet de trouver des solutions nouvelles ne demandant surtout pas d'investissement en moules.

Nous avons ensuite, tous ensemble, appliqué la méthode d'analyse fonctionnelle, de façon à décrire le produit grâce aux utilisations attendues qu'il faudrait satisfaire et en faisant abstraction, à ce niveau, de la solution technique actuelle.

Les fonctions demandées par les usagers étaient simples : offrir du confort, assurer le rangement, résister aux dégradations, plaire au niveau esthétique, assurer la sécurité des passagers... Une fonction a été ajoutée dans cette description fonctionnelle, il s'agissait de celle imposée par l'entreprise : « ne pas nécessiter de nouveaux moules ».

Le cahier des charges fonctionnel du produit comportait 12 fonctions, qui ont été ensuite qualifiées et quantifiées grâce aux critères de performance associés et à leur valorisation.

Nous avons ensuite examiné la solution retenue par l'équipe projet, qui avait remplacé l'alliage classique (acier) de la structure du siège par un autre à base de magnésium, avec une densité inférieure à 2.

Puis, toujours avec la même équipe, nous avons analysé la solution, décomposée en une quinzaine de sous-ensembles, en regardant si elle remplissait bien les fonctions demandées, si elle les satisfaisait au juste nécessaire de performances (le but était d'identifier et de remettre en cause la surqualité), si certains choix de conception étaient liés aux habitudes et aux niveaux de connaissance actuelle du sujet et donc si des décisions techniques pouvaient être remises en cause.

Sans rentrer dans le détail, cette analyse a pour but :

1) De répartir le coût de chaque sous-ensemble sur les fonctions, mais en n'affectant que celui nécessaire pour remplir la fonction ;

2) Et d'évaluer la part du coût du sous-ensemble qui correspond à des choix techniques pouvant être remis en cause.

En cherchant à affecter le coût de la structure (dossier et assisse) sur les différentes fonctions du cahier des charges, en nous intéressant à la fonction « résister aux passagers » et en demandant si le niveau de résistance de la solution était insuffisant, juste bien ou trop important, l'équipe projet a répondu :

« Les performances de résistance dépassent ce qui est requis, car, utilisant les moules initiaux et employant un alliage à base de magnésium beaucoup plus résistant mécaniquement que l'alliage précédent, la quantité moulée pourrait être divisée par 2, si nous avions des moules adaptés »...

Nous avons donc affecté la moitié du coût de la matière sur la fonction « résister aux passagers » et l'autre moitié sur la fonction « ne pas investir dans de nouveaux moules », puisque c'était bien cette fonction qui entraînait la surconsommation de matière.

Au cours de notre analyse, d'autres dépenses étaient directement liées à cette dernière et à la fin du travail de répartition des frais sur cette fonction, imposée par la direction de l'entreprise, il est apparu qu'elle représentait 30 % des coûts fonctionnels du siège.

Nous avons donc décidé de remettre en cause cette fonction et de lancer des séances de créativité, sans prendre en compte cette contrainte.

Une solution nouvelle est apparue, permettant de réduire la masse de 21 % et le coût de 22 %, les investissements en moules étant amortis après 3 mois de production.

Ce travail avec l'équipe projet, en utilisant 2 méthodes simples (l'analyse fonctionnelle et l'analyse de la valeur), a permis :

– De clarifier le besoin (demande des clients et contraintes fixées par la stratégie de l'entreprise) ;

– De connaître le poids des fonctions dans le coût du produit ;

– De remettre en cause certaines contraintes trop pénalisantes (la négociation des limites imposées par l'entreprise a été facilitée car la direction générale a pris conscience de l'impact de ses choix sur la conception et les coûts du siège) ;

– De faire émerger une solution nouvelle, qui atteignait, voire dépassait, les objectifs qui semblaient inatteignables.

Grâce à ce travail « tous ensemble », l'équipe, et son chef de projet en particulier, a pu avoir une discussion avec la direction de l'entreprise, chose qui aurait été impossible :

– Sans la cohésion des membres de l'équipe ;

– Sans leur motivation liée à l'ouverture d'esprit donnée par les méthodes d'analyse et de réflexion utilisées ;

– Et sans les éléments financiers objectifs qui balayaient les hésitations et les blocages.

On a travaillé tous ensemble !

Un deuxième exemple est donné par cette société, leader français du traitement de l'air et de la climatisation, et qui a été créée il y a plus de 100 ans, par un ingénieur audacieux et innovant.

Malgré une situation géographique enclavée, loin des principaux axes d'échange, elle continue son développement, en augmentant ses parts de marché à l'international.

Visant le marché de la Turquie, cette entreprise avait décidé de concevoir un appareil convertible chauffage/climatisation pour le secteur hôtelier, en fixant un coût objectif très ambitieux et en industrialisant ce produit en Chine.

J'ai rencontré le directeur général de cette société et il m'a fait part de ses ambitions pour le marché turc, avec ensuite un élargissement aux autres pays de cette zone géographique.

Il m'a dit qu'il avait constitué une équipe pour concevoir une nouveauté dans ce but et qu'il avait imposé à son chef, qui était jeune et inexpérimenté dans la gestion des projets, de réduire le coût d'un produit, destiné à la Turquie, de 55 %, en l'adaptant aux exigences de ce nouveau marché.

« Qu'en pensez-vous ? » m'a-t-il demandé.

Je lui ai répondu que je n'avais pas de boule de cristal pour valider son projet et que je travaillerai avec l'équipe pour définir un objectif de coût pouvant être réellement atteint. Nous reviendrions vers lui ensuite pour lui présenter nos conclusions.

J'ai aussi insisté sur le fait qu'un objectif imposé à une équipe projet, sans partage ni certitude de l'atteindre, entraînait une démobilisation des participants et que la probabilité de réussite était très faible. Par contre, un objectif défini par l'équipe projet de façon consensuelle, grâce à une démarche d'analyse, était dans la quasi-totalité des cas atteint, car elle s'était imposé elle-même son challenge.

Nous avons commencé la mission qui incluait les commerciaux, la production (France et Chine) et la logistique.

Le responsable commercial de cette zone géographique avait spécifié les performances liées à ce marché et ce document était le point de départ pour lancer la conception du nouveau produit.

Nous avons transformé ce document en cahier des charges fonctionnel, en écrivant les fonctions attendues et le niveau de performance exigé.

Cette approche nous a permis de supprimer certaines définitions techniques qui étaient comprises dans le document initial et de mettre en évidence des lacunes, en particulier concernant de nombreux critères de performance qui n'étaient pas renseignés. Cela a amené les commerciaux à compléter ces critères grâce à une action sur le terrain et à réorienter les besoins visés.

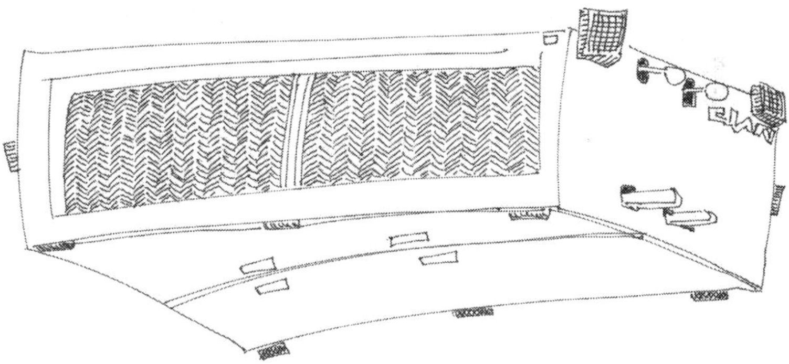

En prenant comme référence une solution développée pour la France, nous avons affecté les coûts des différents sous-ensembles sur les fonctions, en ne retenant que la partie qui permettait de satisfaire directement la fonction, au juste nécessaire des performances pour la Turquie.

Nous avons pu ainsi isoler des gisements potentiels et évaluer le pourcentage de réduction possible à 45 %, en remettant en cause les choix de conception techniques et en innovant.

Atteindre 55 % était impossible.

Par contre, nous avons identifié 2 critères de performance qui avaient un impact sur le coût et dont le relâchement permettait une réduction supplémentaire de 10 %.

Sur les bases de ce travail, nous avons réuni la direction générale et l'équipe projet a pris l'engagement :

– De trouver un nouveau concept qui réduirait le coût de la solution française de 45 %,

– Et, si la direction générale acceptait de modifier le positionnement du produit en revoyant 2 performances, l'équipe projet s'engageait à avoir un gain supplémentaire de 10 %.

Ces objectifs partagés entre la direction et l'équipe projet, validés par cette dernière, ont été tenus grâce à une action « tous ensemble ». La mobilisation et l'enthousiasme de la totalité de l'équipe pour atteindre ces objectifs ont été très forts tout au long du projet et ont garanti le succès de cette action.

Le nouveau produit a respecté l'ensemble du cahier des charges actualisé et son coût correspondait aux objectifs. Une réduction de 55 % par rapport au produit pour la France a été constatée.

La société avait décidé, pour réduire les coûts, de produire le climatiseur en Chine.

Bien que la part de la main-d'œuvre fût inférieure à 15 % dans le coût global du produit, ce transfert de la production apportait une diminution supplémentaire... en apparence.

En effet, plusieurs choses ont été évaluées :

– L'impact des coûts logistiques (les appareils avaient un volume important et les containers de transport ne pouvaient ainsi n'en accueillir que peu) ;

– L'impact de la non-qualité, entraînant la destruction d'un pourcentage non négligeable de produits, avec pour conséquences une quantité livrée supérieure à la demande ;

– L'impact du délai et des aléas du transport, qui devaient être compensés par un stock plus important.

L'ensemble de ces points générait des surcoûts qui annulaient presque la totalité des gains de conception.

Ce travail en commun avec l'équipe projet et la logistique a permis de négocier avec la direction générale et de renoncer à la délocalisation lointaine de la production.

La production de ce nouvel équipement est maintenant effectuée en Europe.

Le travail « tous ensemble » a eu des résultats très positifs et a permis de prendre des décisions favorables et consensuelles.

CHAPITRE 2

LES RELATIONS ENTRE LE MARKETING ET LA PRODUCTION

Les responsables du service marketing (et/ou les commerciaux) ont souvent des vues divergentes avec les directeurs industriels et les responsables de la logistique.

Pour se positionner sur un marché et pour couvrir les besoins pressentis des consommateurs, le service marketing, encouragé et soutenu par l'ensemble des commerciaux, souhaite élargir la gamme des produits et augmenter le nombre des références mises sur le marché.

À l'inverse, les directeurs industriels et les responsables de la logistique, directement impactés par la complexité et la largeur de l'offre, militent pour la réduction du nombre de références à produire et à gérer...

Cette nécessité économique de réduire le nombre de références a conduit à des décisions erronées.

Il était « à la mode », en particulier dans le secteur automobile, de réduire le nombre de références de sous-ensembles à fabriquer, en créant des produits « enveloppe » qui couvraient des performances différentes et qui réduisaient fortement les nombres des références, avec l'espoir de réduire les coûts.

Cette réflexion est certes importante mais elle doit être appliquée avec discernement.

Pour illustrer ce point, l'histoire suivante est intéressante :

Un constructeur automobile français, fort de recommandations des constructeurs japonais, était très content de n'avoir qu'une seule référence de caisse pour l'ensemble des variantes d'un de ses véhicules. L'idée semblait pertinente... Pour cette famille de véhicules, il existait 2 motorisations, essence ou diesel. Les moteurs diesel étant les plus lourds, la caisse était donc dimensionnée en fonction de ces moteurs. Sa conception était « au juste nécessaire » pour les moteurs diesel, mais surdimensionnée pour les moteurs essence. C'est le principe même des produits « enveloppe ». Ils sont conçus pour répondre aux critères les plus contraignants « qui peut le plus, peut le moins » et sont donc trop performants pour les autres besoins à couvrir.

Dans le cas de notre constructeur automobile, compte tenu du segment de véhicule, les achats par les consommateurs de motorisation diesel représentaient moins de 10 % des ventes totales...

Dans 90 % des cas, la caisse était surdimensionnée et donc avait un coût nettement supérieur à une caisse qui aurait été conçue pour les motorisations essence... Il était préférable d'avoir 2 références de caisses, une pour les motorisations diesel et une autre optimisée pour les motorisations essence.

Les gains liés à l'optimisation de la caisse adaptée uniquement à la motorisation essence étaient largement supérieurs aux coûts de création, production, gestion d'une référence supplémentaires. Après cette analyse « de bon sens », ce constructeur automobile a créé deux références de caisse...

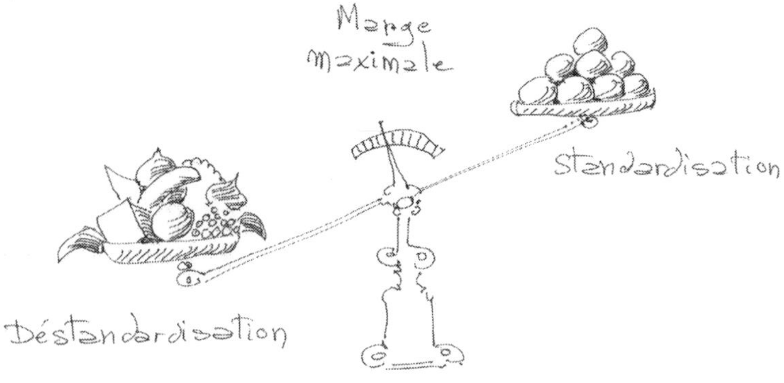

Faut-il standardiser, en créant des produits « enveloppe », ou faut-il déstandardiser en concevant des produits spécifiques ? La réponse à cette question ne peut être apportée qu'après une analyse économique et une évaluation de l'impact sur la marge.

Afin d'obtenir un consensus entre le marketing (et les commerciaux) et la production (et la logistique), il est essentiel d'amener les différents acteurs à une analyse objective, partagée, avec des conclusions qui ne suscitent pas de contestations.

Lorsque l'objectif de réduire le nombre de références est présenté aux commerciaux, la première réaction est d'affirmer que cette action entraînera une baisse des ventes et, dans un délai très court, la fermeture de l'entreprise...

Cette réaction est compréhensible mais totalement fausse. J'ai pu le constater en permanence.

Ainsi, le responsable du service logistique d'une société spécialisée dans les produits d'écriture m'avait demandé de l'aider à convaincre le marketing France et les marketings des autres pays d'Europe de réduire le nombre de références proposées sur les différents marchés.

La mission a abouti à la suppression de 30 % de références et, dès la première année, le volume des ventes a progressé de 10 % et la marge de la société a augmenté de 40 %. L'offre présentée aux clients était plus lisible, plus simple et les décisions d'achat plus faciles. « Trop de diversité tue la diversité. »

Pour mettre rapidement tous les intervenants d'accord sur la largeur de la gamme, un des premiers outils est le barème de surcoûts de la diversité. Ce barème est établi de façon extra-comptable, en intégrant les impacts financiers de la diversité sur l'ensemble des services concernés :

– La R & D et le bureau d'études, qui doivent concevoir plusieurs références ;

– Les achats, qui ont moins de leviers de négociation avec les fournisseurs car les volumes à approvisionner sont éclatés entre plusieurs sous-ensembles (s'il y avait une seule référence d'emballage au lieu de 10, les volumes de la référence unique permettraient d'obtenir de meilleures conditions auprès du fournisseur) ;

– La production, qui aurait moins de temps de changement et une gestion simplifiée de la planification ;

– La logistique, qui aurait moins de références à traiter, ce qui réduirait les stocks, optimiserait le transport... ;

– Etc.

Le barème établi représente de façon macroscopique le coût d'une référence. Cette information est précieuse pour le service marketing et les commerciaux, qui sous-évaluent l'impact financier de la création d'une nouvelle référence.

Je participais à un séminaire qui réunissait tous les responsables commerciaux internationaux d'un grand groupe de produits laitiers.

J'avais fait valider le coût lié à la création d'une nouvelle référence par la direction générale et l'ensemble des services concernés.

Au cours de ce séminaire, les commerciaux ont suggéré que le slogan du produit soit indiqué sur les emballages dans la langue du pays, cette action revenait à multiplier par 10 le nombre des références...

Sur la base du barème, j'ai rapidement pu indiquer ce que coûterait cette idée et j'ai demandé si la marge supplémentaire, liée à l'augmentation des ventes attendues suite à ce message « dans la langue du pays », couvrirait ce surcoût. La décision a été immédiatement prise de renoncer et de conserver le slogan uniquement dans 6 langues...

Le barème permet de calculer la rentabilité réelle des références de façon extra-comptable.

Le contrôle de gestion effectue ce calcul, mais les clefs de répartition faussent les résultats.

En conservant l'exemple de la société spécialisée dans les produits laitiers, la perte de masse blanche liée aux changements de références est répartie à la tonne produite, une référence à fort volume absorbe de ce fait beaucoup de pertes et une référence à faible volume très peu, alors que la quantité de masse blanche perdue à chaque changement de production est identique quel que soit le tonnage produit.

Le calcul de la rentabilité réelle réserve des surprises et les négociations pour réduire le nombre de références deviennent évidentes et consensuelles.

Concernant la société spécialisée dans les produits d'écritures, sur la base du calcul par son service contrôle de gestion de la rentabilité des références existantes, seulement 3 % des références avaient une marge négative.

Le nouveau calcul de rentabilité, avec le barème, a montré que 44 % de références avaient une marge négative, ce qui donne une vision totalement différente du portefeuille de références et permet un travail constructif entre les différents acteurs de l'entreprise pour réduire de façon consensuelle la largeur de la gamme.

Une réflexion assez fréquente des commerciaux est, lorsqu'un client exige de nombreuses références un peu « exotiques », qu'il est essentiel à l'entreprise et qu'il faut tout faire pour le conserver.

C'est ainsi qu'une société spécialisée dans les fibres optiques avait comme client principal France Télécom. Il n'était pas envisageable de refuser les demandes spécifiques de ce client, qui assurait 30 % du CA.

En appliquant le barème de coût de la diversité, établi et validé avec l'ensemble des acteurs de l'entreprise, il est apparu clairement que les références de ce client étaient à marge négative dans un % très élevé et qu'il faisait perdre plusieurs millions d'euros... Il était nécessaire soit d'arrêter la collaboration avec ce client, soit de négocier avec lui le prix de vente des références spécifiques, pour restaurer la rentabilité. C'est cette 2e solution qui a été retenue et la négociation a abouti à une modification de la grille tarifaire pour ce client. Ce travail « tous ensemble » a renforcé la cohésion des acteurs et accru la détermination de chacun à assurer la rentabilité de leur entreprise.

Un autre outil utilisé permet d'identifier le nombre de références nécessaires pour satisfaire la diversité des besoins. L'arbre famille visualise les critères qui génèrent la diversité et la création nécessaire d'une référence.

L'analyse du besoin est réalisée sous forme de fonctions à satisfaire. Pour chacune des fonctions, les critères de performance et leur différente valorisation pour chacun des marchés cibles sont étudiés. Certains critères justifient effectivement une réponse avec une référence spécifique, d'autres ne doivent pas générer de différenciation. Sous le terme de différenciation retardée, très souvent utilisé, cette notion est sous-jacente : identifier les critères qui sont communs à l'ensemble des produits et ceux qui doivent obligatoirement conduire à des références différentes, de façon à reculer le plus possible la création de la diversité.

Pour illustrer cette méthode, je prendrais comme exemple une intervention que j'ai réalisée dans le secteur pharmaceutique. Nous avons, avec l'équipe projet constituée par l'entreprise, analysé pourquoi, à partir d'une même molécule, le nombre de références, pour répondre aux différents marchés et consommateurs, était supérieur à 200.

Les différents diamètres des comprimés pouvaient être remis en cause car tous les êtres humains ont la même trachée, le nombre de dosages pouvait être réduit avec des comprimés sécables, le nombre de conditionnement pouvait être limité avec des notices multilingues, etc. Le nombre de références a été presque divisé par 2.

Le sujet très conflictuel de la largeur de gamme ne peut être traité que grâce à un dialogue entre les acteurs concernés, sur la base d'informations objectives partagées, et les décisions issues de ce travail permettent d'accroître les marges de l'entreprise et d'instaurer des échanges durables entre le marketing, les commerciaux, la production, la logistique et la R & D.

Les deux exemples qui suivent illustrent de façon concrète comment l'application de méthodes « tous ensemble » a permis de remettre en cause la largeur de la gamme pour répondre aux besoins des clients.

On a travaillé tous ensemble !

Le responsable du service logistique de cette société spécialisée dans l'équipement des ménages a convaincu la direction générale de la filiale qui fabrique et commercialise des poêles et des casseroles de faire une action pour simplifier la gamme de ces produits.

Il était en conflit avec les personnes du marketing et les commerciaux, car il voulait réduire le nombre de références créées chaque année, de l'ordre de 1 000 pour un portefeuille actif, de 4 500 références... Cette création de nouvelles références induisait des problèmes de gestion, d'autant plus que les anciennes qu'elles étaient censées remplacer n'étaient pas systématiquement supprimées de la base commerciale et qu'un client avait toujours la possibilité de les commander.

Le responsable du service marketing avait accepté cette opération, persuadé que les conclusions pencheraient en sa faveur et que la largeur de la gamme et le processus de création des références seraient validés.

Un premier travail a été effectué avec les commerciaux pour préciser les fonctions attendues par les clients et spécifier les habitudes de cuisine par secteurs géographiques, les diamètres utilisés pour les poêles et les casseroles, les couleurs préférées...

Cette analyse a mis en évidence que, selon les marchés visés, les tailles pouvaient être limitées à 2 ou 3 (alors qu'actuellement une gamme est créée avec l'ensemble des tailles possibles, c'est-à-dire 6), les couleurs à 3 ou 4 (contre un nombre beaucoup plus important)... Cette adaptation de la déclinaison des produits par marché permettait déjà, sans autre action, de limiter de 10 % le nombre de références.

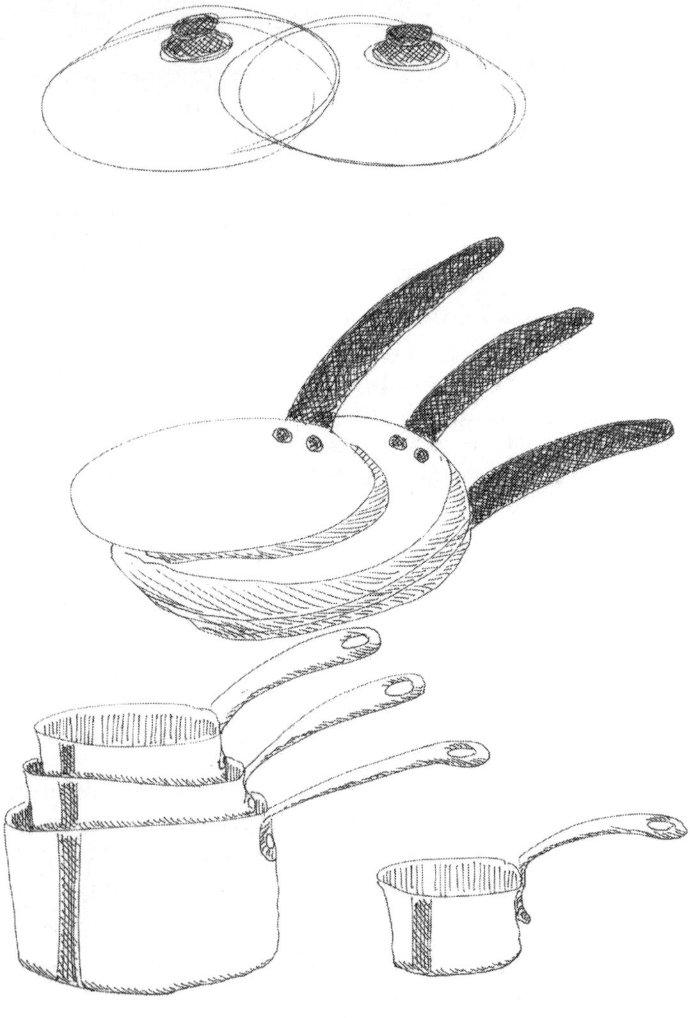

En faisant intervenir l'ensemble des services de l'entreprise, le barème de surcoûts de la diversité a été évalué.

Le barème se décompose en trois parties :

- Les surcoûts de diversité industriels ;
- Les surcoûts de diversité des services centraux ;
- Les surcoûts de diversité sur les conditions d'achat.

Ce barème a été partagé lors d'une réunion rassemblant l'ensemble des représentants des différents services et la valeur du surcoût de la diversité a été acceptée et validée par tous.

C'est essentiel dans cette démarche car cette valeur sert ensuite à calculer la rentabilité réelle des références et il est prioritaire que les résultats de ces calculs ne soient pas remis en cause.

Sur la base des calculs effectués par le contrôle de gestion, en appliquant des clefs de répartition des charges liées directement à la création et à la gestion des références, 3 % d'entre elles avaient une marge négative.

Après l'affectation du surcoût de la diversité à chacune, le paysage devenait très différent puisque 46 % des références faisaient perdre de l'argent à l'entreprise.

Plusieurs étaient développées pour des marques de grands groupes de distribution (MDD). Un calcul a été effectué par client et il est apparu clairement que plusieurs d'entre eux généraient des pertes importantes... Une négociation a été engagée pour réduire la largeur de la gamme proposée pour certaines marques de distributeur (MDD).

Une analyse des références à marge négative a été effectuée avec une équipe réunissant les commerciaux, les représentants du marketing, de la logistique et de la production et une rationalisation du portefeuille a été entreprise.

De nombreuses références ont pu être regroupées, en modifiant certaines caractéristiques et en en définissant des communes.

À titre d'exemple, une réflexion a été menée sur les couleurs.

L'ensemble des références proposées avait 118 bleus différents, 54 rouges, 37 verts… Il était souvent difficile de voir la différence entre les palettes de couleurs… Il a été facile de réduire le nombre de bleus à 40, le nombre de rouge à 25 et le nombre de verts à 18… Avec une incidence immédiate sur le nombre de références. Plus de 25 % de références ont ainsi été supprimées.

D'une façon assez simple et consensuelle, en analysant les critères spécifiques et qui font la différence de chacun des marchés ciblés, en ayant une action auprès des MDD, en diminuant le nombre de couleurs offertes, il a été possible de réduire de plus de 35 % le nombre de références et de multiplier par 2 la marge de l'entreprise.

Pour pérenniser cette démarche, car la nature ayant horreur du vide, les mauvaises habitudes sont rapidement reprises, il était important de mettre en place,

– Non seulement des règles de création de références :

- Nombre de diamètres différents ;
- Nombre de couleurs ;
- …

– Mais aussi un processus de suppression de références en fin de vie ;

– Et des indicateurs pour mesurer la maîtrise de la diversité :

- Nombre de références créées dans l'année ;
- Nombre de références supprimées ;
- Nombre de références à marge négative ;
- Montant cumulé de ces marges négatives.

Le secteur de l'électroménager et de l'équipement de la maison a connu des difficultés et cette société a connu un développement de ses parts de marché. Elle a continué à progresser en volume de ventes, avec un résultat d'exploitation performant. Cette filiale a eu les meilleurs résultats au niveau du groupe. Devant ce succès, la filiale des « fers et centrales vapeurs » a lancé une démarche identique...

Ce travail « tous ensemble » a permis d'instaurer sur le long terme une collaboration entre tous les services de l'entreprise, chacun mesurant l'impact de ses décisions sur les autres et prenant en considération la marge de l'entreprise...

Cette évolution a été possible grâce à :

- Une analyse structurée du besoin au juste nécessaire ;
- L'établissement du barème des surcoûts de la diversité ;
- Le calcul de la rentabilité réelle des références ;
- une étude en commun, « tous ensemble », sur la base des informations précédentes pour optimiser le portefeuille des références.

On a travaillé tous ensemble !

Voici un autre exemple d'une société spécialisée dans les produits de contention pour le secteur médical et le sport.

Face à la concurrence d'autres produits similaires, en particulier liée au fait que ces produits, moins chers, sont ainsi remboursés à 100 %, le nouveau responsable R & D et Innovation (pour lequel nous avions effectué avec succès une mission lorsqu'il était directeur R & D dans une société française de skis) a souhaité engager une action de réduction de coûts de l'ensemble de la gamme médicale.

Pour réduire les coûts, il a été décidé dans un premier temps de revoir la largeur de la gamme et de l'adapter pour répondre « au juste nécessaire » des besoins clients.

Le début de cette intervention a été basé sur une analyse fonctionnelle du besoin clients et sur la construction de l'arbre de la diversité intégrant les paramètres différenciants (niveau de contention, taille, sexe, couleur...) et associant à chacun des nœuds et des branches, les quantités vendues. Cet arbre a mis en évidence que la diversité ne répondait pas à un besoin prioritaire.

Cette visualisation des critères engendrant de la diversité met en évidence que les 2 critères de compression (4 niveaux) et de type de modèle (chaussette, bas auto fixant – BAF –, collant) correspondent à des obligations médicales et ne peuvent être remis en cause.

Par contre, les critères de taille (N : normal, L : long) doivent être respectés mais peuvent être limités à certaines couleurs ou gammes. Il est indispensable qu'une personne de taille XS, N puisse acheter un collant de niveau compression 3 mais soit limité dans son choix de couleur et de gamme. Les ventes des tailles extrêmes représentent des volumes faibles, il est logique de réduire leur largeur de gamme.

Les choix purement esthétiques peuvent être remis en cause car ils génèrent beaucoup de diversité et sont négociables. À titre d'exemple, il est proposé aux clients 54 couleurs, dont certaines sont très proches, et la différence entre elles est souvent difficile à percevoir.

En parallèle, un barème des surcoûts de la diversité, pour la création et la gestion d'une référence, a été établi.

Les surcoûts de la diversité sont, contrairement aux idées reçues, essentiellement générés en dehors de la production et des achats...

L'essentiel des surcoûts est dû aux « commerciaux » (temps pour expliquer la gamme aux pharmaciens, formation, supports, échantillons...). La part liée à l'impact sur la production représentait moins de 25 %.

Les informations issues de la construction de ce barème, qui a été faite avec l'ensemble des acteurs et validée lors d'une réunion commune par tous, ont été utiles pour connaître l'impact de la diversité sur chacun.

L'application du barème a permis de recalculer la rentabilité réelle de chacune des références et a mis en évidence que plus de 60 % d'entre elles avaient une marge négative (contre 14 % en appliquant l'approche retenue par le contrôle de gestion).

Gammes médicales

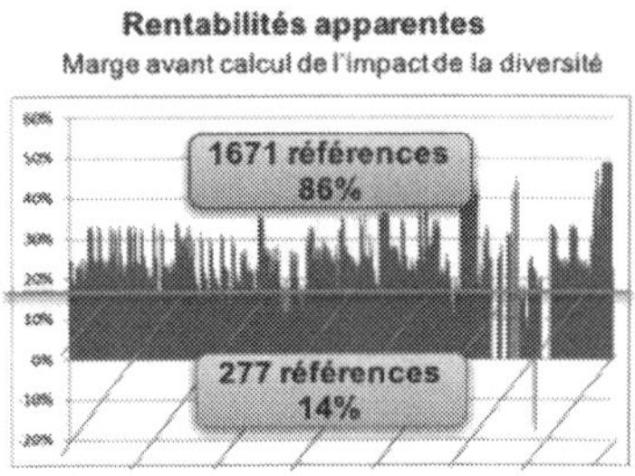

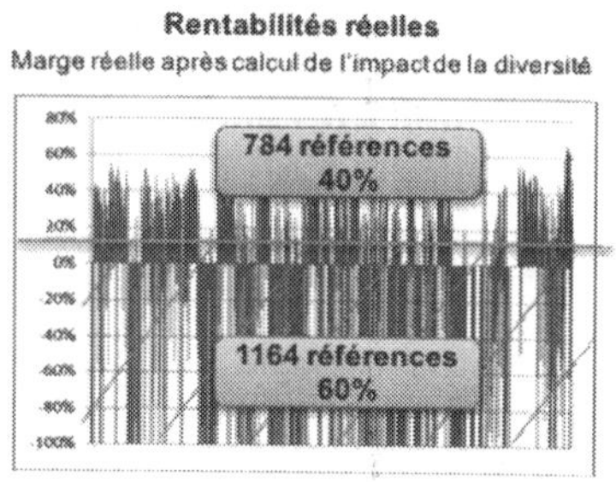

Cette analyse, croisée avec l'arbre de la diversité, a abouti à la suppression de 30 % des références et a une réduction du coût de certaines, majeures, puisque les « gains » liés à cette réduction ont pu être répercutés sur les produits conservés.

À la suite de ce travail « tous ensemble », les mentalités ont fortement évolué. Des règles de création de nouvelles références ont été mises en place, limitant, dès le lancement de la nouvelle gamme, leur nombre au juste nécessaire. Une des règles porte sur le nombre de couleurs à proposer lors du lancement d'une nouvelle gamme, elle est basée sur une analyse de la répartition des ventes de l'ensemble des références vendues :

– Pour l'homme :
  - ■ 85 % du CA est fait par 2 tons (gris et noir) :
    - • 1 seul noir (53 % du CA) ;
    - • 5 gris différents (32 % du CA) ;

– Règle de création pour une gamme homme : maximum 2 couleurs ;

– Pour la femme :
  - ■ 85 % du CA est fait par 3 tons (couleur peau, couleur peau bronzée, noir) :
    - • 2 noirs (32 % du CA) ;

- 3 couleurs peau bronzée (28 % du CA) ;
- 2 couleurs peau (25 % du CA) ;

– Règle de création pour une gamme femme : maximum 3 couleurs.

Une meilleure collaboration a été établie entre le marketing et la R & D grâce à ces échanges structurés.

La R & D, motivée par l'implication du marketing et des commerciaux pour réduire les surcoûts de diversité inutiles, a instauré une dynamique d'optimisation, basée sur la remise en cause des choix de conception, et a ainsi apporté des réductions de coûts supplémentaires, donnant un véritable avantage concurrentiel aux produits de la société.

Suite à ce travail « tous ensemble », la marge de l'entreprise sur les produits médicaux a été multipliée par 2.

CHAPITRE 3

RELATIONS CLIENTS/ENTREPRISE

Le document émis pour un appel d'offres est très souvent incomplet ou intègre aussi des solutions techniques qui enferment le « répondant » dans un carcan éliminant les possibilités d'avoir une proposition innovante et optimale.

Dans le cadre d'une réponse à un appel d'offres émis par le CNES (Centre National d'Études Spatiales) pour un minisatellite, l'équipe projet, constituée pour rédiger la meilleure offre, m'avait demandé de l'aider à trouver une solution innovante et à améliorer la présentation des documents du dossier de réponse (souvent trop techniques et difficiles à lire pour les personnes analysant et évaluant les offres sur une base multicritère).

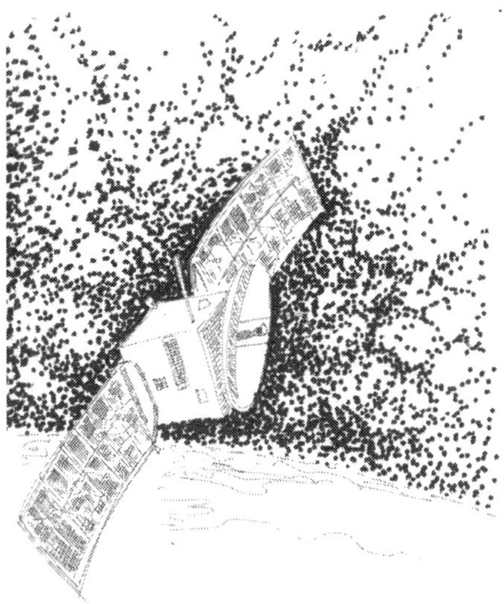

Lors de la première réunion avec l'équipe projet « réponse à appel d'offres », j'ai demandé à effectuer une analyse structurée du besoin du CNES. L'équipe, qui dans un premier temps m'a répondu que c'était inutile puisque « nous avions le cahier des charges du client », a accepté ce travail.

Nous avons donc mis de côté le document émis par le CNES et nous avons défini toutes les fonctions et tous les critères de performance que devaient remplir les satellites.

Nous avons réalisé une analyse exhaustive du besoin et avons ensuite vérifié si le document du CNES apportait toutes les réponses permettant de remplir, pour chacune des fonctions, les valeurs des critères de performance dimensionnant les satellites.

Il est apparu que des points très importants, ayant un impact fort sur les choix des concepts, avaient été totalement passés sous silence par le CNES.

En particulier, le traitement de la fin de vie du satellite n'était pas évoqué.

Deux choix sont possibles :

– En fin de vie, le satellite est livré à lui-même et tombera un jour sur la Terre... Cette conception est la plus simple...

– En fin de vie, le satellite doit pouvoir être changé d'orbite (désorbité) et être envoyé vers nos voisins de l'infini... ce qui implique qu'il a été prévu de pouvoir encore commander le satellite et d'avoir toujours une réserve de carburant...

En tant qu'expert, le rôle de conseiller du client ne peut être exclu et si le choix avait été fait de s'orienter vers la solution la moins contraignante, nous aurions été à la merci d'une réaction tardive du client annonçant :

« En tant que spécialiste, vous avez bien sûr compris qu'il fallait désorbiter le satellite, car il n'était pas question de prendre le risque qu'il tombe sur Terre de façon incontrôlée et entraîne un accident. »

La conception retenue serait à revoir totalement...

Ce travail d'analyse et la comparaison avec le document du CNES nous ont permis d'établir une relation de confiance et, sur la base d'un questionnaire interactif, d'aider le CNES à formaliser le « besoin ».

Des années après, le CNES se souvenait de cette approche, qui avait été appréciée, et lorsque je croisais un responsable « dans les couloirs », il évoquait cette action, en disant : « ah c'était vous » !

Ce lien avec le client a permis à la société pour laquelle j'intervenais de remporter l'appel d'offres, et la connaissance du besoin à remplir, au juste nécessaire de performances, a abouti à la conception d'un minisatellite optimisé, avec un coût très faible. Il est utilisé pour créer la constellation Galileo.

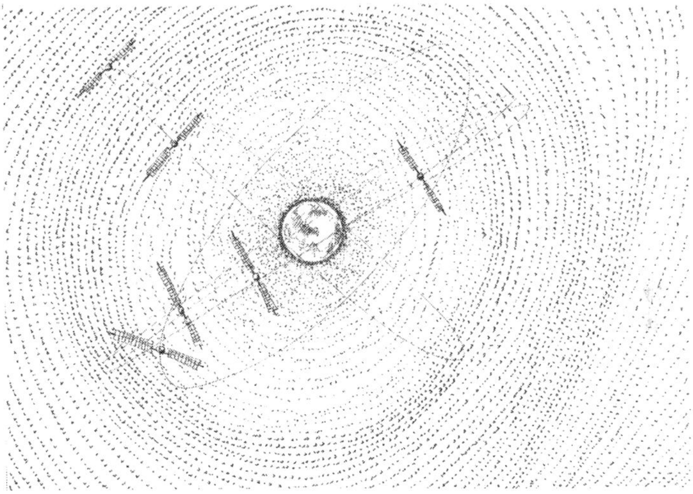

L'équipe projet « réponse à appel d'offres » doit aider le client à définir de façon complète et réelle son besoin, mais peut aussi être amenée à challenger le niveau des performances voulues.

Son cahier des charges peut souvent être assimilé à « une lettre au père Noël », mais une solution satisfaisant en totalité les exigences du client peut dépasser son budget...

Il est important d'identifier les performances ayant un fort impact sur le coût de la solution et de négocier avec le client les performances qui peuvent être relâchées.

La réponse à l'appel d'offres pourra comporter plusieurs volets, une réponse respectant l'ensemble des fonctions et des performances et des variantes avec la valeur de certains critères minimisée et un budget plus faible.

Le travail « tous ensemble » entre le client, émetteur de l'appel d'offres, et l'entreprise (ou l'équipe de réponse à l'appel d'offres) :

– Génère des relations de confiance ;

– Se focalise sur les besoins et non sur les solutions techniques suggérées par le client ;

– Identifie les possibilités de proposer des variantes, en minimisant le budget ;

– Augmente les chances de remporter l'appel d'offres.

On a travaillé tous ensemble !

Une société a émis un appel d'offres pour un quai de chargement portuaire, pour stockage et transfert de 50 000 tonnes de matériaux.

Mais le cahier des charges du client était formalisé sous forme de solution technique : treillis soudé non calé.

L'entreprise choisie a répondu à l'appel d'offres sur la base de cette indication, sans aller plus loin.

La solution mise en œuvre a rapidement été détériorée et a dû être totalement revue.

Une analyse plus fine du besoin et du contexte d'utilisation du quai (la nature du chargeur utilisé, l'environnement qui imposait un franchissement des rails SNCF…) aurait rapidement conduit à remettre en cause le cahier des charges du client et à trouver une solution différente.

En réalité, les vraies contraintes de conception étaient :

– De résister à l'abrasion (les systèmes d'attaque des chargeurs sont en titane et agressent fortement le béton) ;

– Et de résister à un impact (lorsque le chargeur, après avoir franchi le rail SNCF, retombe sur le quai).

L'entreprise avait prévu un béton « classique », cette analyse plus approfondie aurait éliminé cette solution.

L'analyse du besoin, sous forme de fonctions (analyse fonctionnelle) permet de :

– Transformer l'expression du besoin du client, qui est souvent technique, en fonctions et critères de performance à remplir ;

– Et mettre en évidence les points non évoqués par le client et qui ont un impact fort sur les solutions à mettre en œuvre.

L'analyse fonctionnelle a permis de revenir aux utilisations et critères de performance à remplir et le besoin du client a été transformé en vrai cahier des charges fonctionnel. Les 2 fonctions suivantes sont présentées à titre d'exemple.

Fonction N° 1	le quai doit résister aux conditions de chargement				
mot	mot associé	critère	valeur	justification	flexibilité
résister		durée	10 ans	garantie décennale	0
		dégradation performances	aucune		1
		dégradation aspect	aucune		2
conditions de chargement	masse de la charge	masse statique	X kg/m^2	valeur de stockage maximale	0
	moyens des chargements	résistance à l'abrasion	TBD	liée à la matière des fourches du chargeur	0
		poids du chargeur à vide	Y kg/ essieu	caractéristiques techniques des chargeurs	0
		poids du chargeur charge maximale	Z kg/essieu		0
		résistance au choc vertical	TBD	choc dû à la retombée du chargeur de la hauteur des rails	0
		résistance au roulage	TBD	liée aux chargeurs	0

Fonction N° 2	le quai doit résister à l'environnement climatique				
mot	mot associé	critère	valeur	justification	flexibilité
résister		durée	10 ans	garantie décennale	0
		dégradation performances	aucune		1
		dégradation aspect	aucune		2
environnement climatique	température	température minimale	– 50 °C	analyses centenaires des températures	1
		température maximale	+ 60 °C		1
	humidité	taux d'humidité maximum	100 %		1
	brouillard salin	taux de sel	X %		1
	UV	taux	Y %		1

De ce fait, la nouvelle solution n'a plus été basée sur un « béton classique » mais sur un produit identique à celui utilisé pour les pistes d'atterrissage.

Un travail « tous ensemble », entre l'entreprise et le client, aurait évité de devoir mettre en œuvre une nouvelle solution, avec des impacts à la fois au niveau des investissements et de l'exploitation du quai...

On a travaillé tous ensemble !

Ce constructeur de satellites français avait reçu de la société Iridium un appel d'offres pour une constellation de 87 satellites, Iridium New (pour remplacer la constellation vieillissante Iridium).

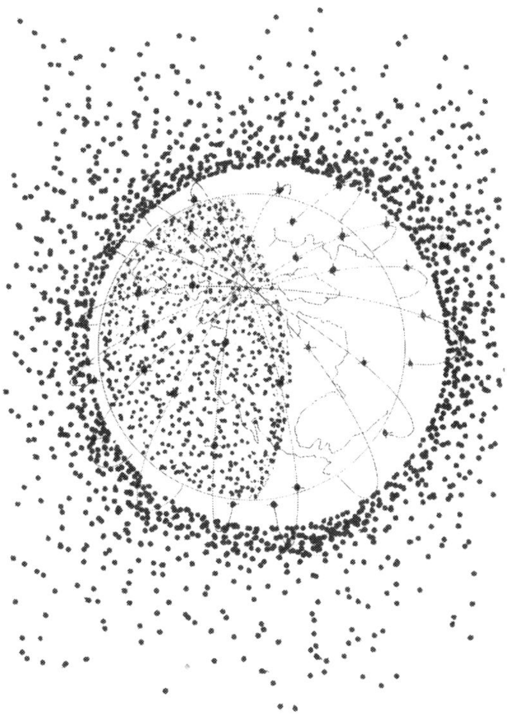

Le concurrent était l'américain Lockheed Martin. La société était persuadée de n'avoir aucune chance de l'emporter face à lui mais espérait pouvoir devenir son sous-traitant pour certains sous-ensembles des satellites.

Nous avons été sollicités pour aider cette société à structurer sa réponse car nous avions déjà travaillé avec elle sur l'appel d'offres minisat (constellation Galileo) et notre approche méthodologique lui avait permis de se démarquer de ses concurrents et de le remporter.

Nous avons introduit, dès cette phase de réponse à appel d'offres, l'approche Design to Cost, c'est-à-dire une approche qui place le besoin du client au centre de la recherche de solution, tout en ayant en ligne de mire la réduction des coûts.

Pour cela, nous avons rendu opérationnel le cahier des charges émis par le client en appliquant la méthode d'analyse fonctionnelle.

Cette approche nous a permis d'engager un dialogue avec le client, en l'interrogeant :

- sur des fonctions mal définies ou oubliées ;
- sur des niveaux de performance à préciser ;
- sur la flexibilité par rapport à certains critères...

La société américaine a apprécié cette façon de travailler et de collaborer avec elle, elle venait régulièrement en France, sur le site de la société pour répondre à nos questions et enrichir son cahier des charges.

Nous avons ainsi établi une relation de confiance avec la société Iridium et nous avons pu, lors de nos échanges, percevoir que la société avait un budget limité et qu'elle ne pouvait le dépasser (nous avons même réussi à obtenir une estimation de l'enveloppe maximale...).

Avec notre aide méthodologique, en travaillant en équipe projet intégrant les différents métiers intervenant dans la conception du satellite, la société française a défini la meilleure solution qu'elle souhaitait développer pour répondre à l'appel d'offres.

Nous avons, ensuite, effectué, toujours avec l'équipe projet au complet, une macro-analyse en ventilant les coûts de la solution sur les différentes fonctions demandées par la société Iridium et en faisant ressortir le potentiel de réduction du coût pour cette solution de référence.

Cette approche de type « analyse de la valeur » (dont nous avons déjà évoqué les principes conceptuels précédemment) nous a permis de :

– Fixer le coût à proposer sur la base de cette solution optimisée, même sans avoir déjà le nouveau concept, mais en sachant que nous serions capables d'atteindre ce coût objectif, si nous remportions l'appel d'offres ;

– Connaître les fonctions et critères ayant un fort impact sur le coût de la solution et mesurer les réductions de coût possibles si nous relâchions certains critères.

Dans notre réponse à l'appel d'offres, nous avons proposé une solution « full compliant », qui dépassait le budget prévu (même avec une solution optimisée) et plusieurs variantes, qui, en relâchant certains critères, permettaient de réduire le budget global.

Une de ces variantes correspondait au budget de la société Iridium et les niveaux réduits pour certains critères étaient compatibles avec les exigences du client.

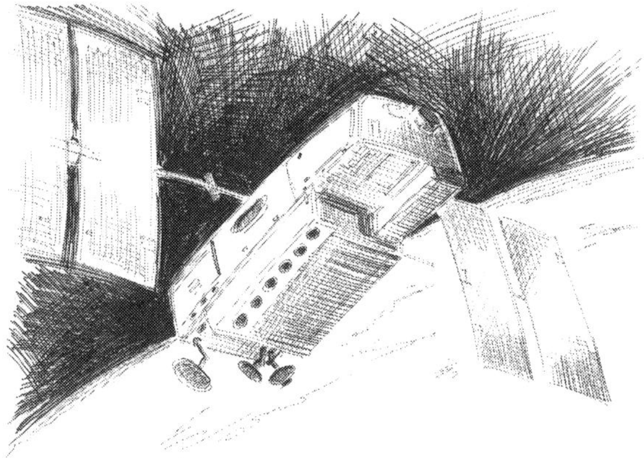

Nous avons remporté l'appel d'offres grâce à cette approche méthodologique simple et efficace.

Le travail « tous ensemble » avec le client et, au sein de l'entreprise française, entre les différents métiers a été essentiel pour aboutir à ce succès, qui a donné une visibilité de plusieurs années à l'entreprise.

CHAPITRE 4

RELATION R & D/MARKETING

Les relations entre le marketing et la R & D, au sein d'une entreprise, sont souvent tendues.

L'incompréhension et l'absence de partage des points de vue freinent l'efficacité du travail.

Le « brief » marketing, transmis à l'équipe projet, qui doit développer le produit pour y répondre, est parfois incomplet. Cela laisse une grande part à l'incertitude et constitue rarement une base fiable pour concevoir le meilleur produit.

Une société dans le secteur agroalimentaire souhaitait mettre sur le marché un nouveau biscuit. La demande du marketing était formulée ainsi :

« Offrir un biscuit permettant à la femme de 30 ans de se faire plaisir sans grossir. »

Vous pouvez imaginer facilement que ce libellé ouvre un champ d'investigation et de créativité très large... et que l'équipe projet va très facilement cibler une solution qui ne correspondra pas à ce que le marketing souhaitait...

Nous avons transformé ce brief en cahier des charges innovation, en réunissant le service marketing et l'équipe R & D. Puis nous avons décrit les fonctions à satisfaire et les performances attendues :

- Plaire avec quelles saveurs ?
- Plaire avec quelles consistances ?
- Plaire avec quelles qualités gustatives ?
- Conditions d'utilisation :
  - Transport dans le sac ?
  - Stockage et durée ?

Nous avons pu ainsi lister une dizaine de fonctions et rédiger un document structuré, accepté par les 2 parties, qui a servi de base à la recherche d'une solution. Le produit proposé a reçu l'aval du service marketing et cette action a permis de créer des liens et des méthodes de travail entre lui et la R & D.

Le périmètre du projet est souvent imprécis et se focalise uniquement sur un point sans intégrer la globalité des contraintes et impératifs.

Autre exemple, un parc d'attractions voulait créer une parade pour fêter les 20 ans de son ouverture. Le brief marketing était :

« Réaliser une grande parade symbolisant les 5 continents. »

Sur la base de cette demande, les concepteurs/créateurs ont imaginé de magnifiques chars, très grands, spectaculaires, représentant chacun un continent... C'était superbe comme les designers de ce parc savent le faire. Tout le monde était très satisfait du résultat et attendait avec impatience et confiance les réactions du public.

C'est donc dans la joie que la parade, qui avait été conçue et fabriquée en dehors du parc, a entamé son trajet pour y entrer et réjouir les clients.

Mais rapidement un premier obstacle a surgi : les chars ne passaient pas sous l'arche du portail d'accès à la première enceinte du parc... Qu'à cela ne tienne, elle a été démontée pour les laisser passer, puis remontée ensuite. La parade poursuit sa route, mais se trouve face aux ponts et au chemin de fer qui ceinturent le parc et elle ne passe pas... Il est impossible de démolir le pont, de supprimer les rails... Il faut cependant trouver une solution.

Les chars seront coupés en deux dans le sens horizontal, une remorque accueillera la partie supérieure, la partie inférieure et la partie supérieure seront remontées après avoir franchi le pont...

Il a fallu prévoir un moyen pour découper le char, une grue pour déplacer la partie haute coupée, une remorque pour la transporter et, lorsque les 2 parties eurent été reconstituées, il a fallu mettre en place une équipe pour effacer les traces dues à la découpe.

Le budget a bien évidemment explosé et les opérations ont été effectuées dans un état de stress maximal.

Un autre facteur a entraîné la condamnation à mort de cette gigantesque parade : les parents veulent toujours immortaliser leurs enfants devant les chars.

Mais ils étaient tellement grands, et donc leurs pneus immenses, que les parents avaient le choix entre :

– Voir le char et leur enfant minuscule, difficilement reconnaissable ;

– Voir leur enfant mais devant un énorme pneu sans aucune vision du char.

La parade a tourné 5 fois et, devant l'insatisfaction des clients, elle a été abandonnée et oubliée à l'extérieur du parc.

Si le brief marketing avait été plus précis, ou si la R & D et le marketing avaient établi un dialogue constructif, le document de base pour la conception aurait mis en évidence les contraintes liées au parc et à ses infrastructures et aurait placé le client au centre des solutions, en cherchant à répondre à ses attentes.

Ce simple travail, tous ensemble, aurait évité bien des déboires et des surcoûts.

Les échanges entre le marketing et la R & D ont aussi un aspect très positif pour valider ou modifier les orientations choisies.

Le service marketing d'une société importante dans le secteur des produits surgelés avait demandé à la R & D de réduire le coût d'un produit, pour faire face à la concurrence des produits marques de distributeur (MDD).

Nous avons réuni une équipe projet qui comprenait des personnes du marketing, de la R & D, du commercial et de la gestion des retours clients.

Ce travail nous a permis de mettre en évidence que les consommateurs se plaignaient de la difficulté de mise en œuvre du produit.

Il s'agissait d'un poisson surgelé présenté dans un sachet avec la sauce dans un autre sachet. Il fallait réchauffer les 2 sachets dans l'eau bouillante et ensuite l'exploit commençait : comment mettre dans son assiette les 2 sachets sans se brûler, sans se tâcher et sans perdre de la sauce...

L'équipe a décidé de façon consensuelle de chercher une solution nouvelle pour satisfaire la fonction « facile à utiliser » et de faire la différenciation par rapport aux produits MDD grâce à cette nouvelle fonction plutôt que sur le coût...

Des séances de créativité ont permis de trouver un nouvel emballage qui simplifiait totalement les manipulations du consommateur.

La communication au sein de l'équipe projet a été très bénéfique.

L'analyse structurée du besoin visé permet de préciser les fonctions nouvelles à satisfaire et/ou pour certaines déjà existantes de définir le niveau de performance qui est souhaité. Nous sommes dans l'approche design thinking, en intégrant les retours de clients, et c'est important qu'elle soit partagée très tôt entre les 2 acteurs.

Le brief marketing est parfois technique et non centré sur les besoins à remplir.

Un tel brief a tendance à enfermer la R & D dans des solutions techniques, alors qu'il est important de lui donner de la liberté pour qu'elle propose des solutions innovantes.

Par exemple, le brief marketing d'une société fabricant des appareils de traitement de l'air, pour un nouveau marché cible, indiquait le positon des connecteurs au réseau d'eau, mais ne donnait pas les spécificités du marché.

Il est apparu rapidement que le service marketing n'avait pas une bonne connaissance de ce nouveau marché et préférait se substituer à la R & D pour imposer des choix techniques et faire abstraction des exigences des nouveaux clients.

Le dialogue entre le marketing et la R & D doit être instauré très vite et les informations objectives fournies par cette dernière apportent une aide importante au positionnement du produit.

Sur la base d'un concept non finalisé, la R & D peut associer un coût à l'obtention des fonctions souhaitées par le marketing. Cette information donne une ouverture au marketing, qui doit se poser des questions :

« Cette fonction, qui est pénalisante en termes de coût, est-elle si importante pour le client ? »

« Est-il préférable de réduire le niveau de performance demandé et par conséquent le coût du produit, pour accroître les parts de marché ? »

Le marketing a rarement la mesure de l'impact de ses choix sur le coût du produit, cette information lui permet donc de valider ou de modifier ses choix.

Le travail tous ensemble, marketing et R & D, apporte une vision claire et efficace pour positionner le produit et cibler les marchés visés.

L'analyse du besoin et sa valorisation en fonction des différents marchés potentiels, essentiellement à l'export, permettent, avec un travail tous ensemble, de définir la largeur de la gamme indispensable pour satisfaire l'ensemble des marchés.

Le service marketing d'un constructeur de lave-linge avait sélectionné plusieurs segments de marché et l'analyse du besoin, structuré en fonctions et critères de performance, a mis à plat les caractéristiques des marchés et un examen, tous ensemble, a mis en évidence les critères différenciants et ayant un impact sur les choix de solutions.

Il est facile de définir 3 familles de produits en segmentant sur 2 niveaux de vitesses d'essorage (basse et moyenne) et les dimensions possibles, compatibles avec la taille des appartements. Les autres critères sont très proches ou bien n'amènent que peu de changements en termes de recherche de solutions.

Le travail en commun entre les parties permet aussi d'avoir un éclairage nouveau pour le positionnement des produits car il est parfois difficile de définir clairement les performances des produits du bas, du milieu et du haut de gamme.

Le fabricant d'un sèche-linge souhaitait réduire les coûts de son produit bas de gamme, car ce dernier n'était pas du tout concurrentiel vis-à-vis des autres mis sur le marché.

Il avait donc été demandé de lancer une action d'optimisation du sèche-linge bas de gamme existant, en chalengeant les choix techniques.

Une analyse comparative des performances de l'ensemble des produits de ce fabricant et de ceux des concurrents a mis en exergue que les exigences retenues par le marketing pour les produits haut, milieu et bas de gamme étaient presque identiques, alors que les concurrents opéraient une véritable différence.

Segmentation marchés lave-linge

	Groupe 1 : Rotation à faible vitesse		Groupe 3 : Faible profondeur	Groupe 2 : Rotation à vitesse moyenne		
	Profile 1	Profile 2	Profile 3	Profile 4	Profile 5	Profile 6
Volume des ventes (1000 unités)	917	1018	121	407	378	667
Liste des pays	Italie, Espagne, France, Europe de l'Est	Italie, Espagne, Europe de l'Est	Russie	Allemagne, France, Suède	Allemagne, Pays-Bas	Royaume-Uni
Rotation (RPM)	400	600	600	1000	1200	1000
Label énergétique : Energie	C	B	D	A-B	A-B	B
Lavage	C	B	B	B-A	B-A	A
Séchage						
Capacité de charge (kg)	4,5	5	3,5	5	5	5
Profondeur (cm)	52-54	52-54	33-34	55-60	55-60	52-57
Type de contrôleur	Aspect mécanique	Aspect mécanique	Aspect mécanique	Aspect mécanique	Aspect mécanique	Aspect mécanique
Liste de programmes spéciaux	Laine	Laine, lavage manuel	Laine	Laine, lavage manuel	Laine, lavage manuel	Laine, lavage manuel
Liste de caractéristiques spéciales	Lavage à froid, suppression de rotation (arrêt cuve pleine)	Lavage à froid, suppression de rotation (arrêt cuve pleine)	A vérifier	Lavage rapide, Mode demi-charge, Régulation de vitesse de rotation	Lavage rapide, Mode demi-charge, Régulation de vitesse de rotation	Lavage rapide, Régulation de vitesse de rotation
Niveau de bruit en rotation (dB)	Pas d'importance	Pas d'importance	Pas d'importance	≤ 75 dB	≤ 75 dB	≤ 75 dB
Tension (V) / Fréquence (Hz)	230 / 50	230 / 50	230 / 50	230 / 50	230 / 50	230-240 / 50
Consommation d'eau par kg (L)	Pas d'importance	Pas d'importance	A vérifier	10-12	10-12	Pas d'importance
Ergonomie	Apparence grande porte	Apparence grande porte	Grande porte	Grande porte	Grande porte	Grande porte
Esthétique	Basique	Basique	Basique	Basique	Basique	Basique
Autres articles	1 poignée seulement	1 poignée seulement	1 poignée seulement			

Analyse comparative haute, moyenne et basse gammes

Fonction	Spécification	Gamme de produits						Base pour l'analyse de la valeur
		Haut		Moyen		Bas		
		Fabricant X	Concurrent	Fabricant X	Concurrent	Fabricant X	Concurrent	
F1	Chargement (coton)	6 kg	6 kg	6 kg		6 kg	4,5 – 6 kg	6 kg
	Temps nécessaire (5 kg, coton)	120 mn	95 mn	120 mn		120 mn	120 – 150 kg	130 mn
	Energie consommée (5 kg)	3,7 kWh	3,6 kWh	?		3,8 kWh	3,6 – 4,4 kWh	4,4 kWh
	Efficacité de condensation	90%		90%		85%	48 – 76%	73%
F2	Compréhensible							
F3 / F4	Qualité perçue							
F6	Bruit maximal							
F7	Esthétique							
F10	Fiabilité (6 kg)	2 000 cycles	2 500 cycles	2 000 cycles		2 000 cycles	1 500 cycles	
F11	Inversion de porte							
F12	Accès aux pièces de rechange							
	Coûts des pièces de rechange							
F14	Corrosion							
	Volume des ventes (par an)	170 000		80 000		100 000		
		49%		23%		29%		

Le marketing, en s'appuyant sur cette étude, a accepté de revoir les critères de performance que le produit bas de gamme doit tenir, en restant cependant dans la fourchette haute des valeurs par rapport aux produits concurrents.

Il était de ce fait plus facile pour la R & D de trouver de nouvelles solutions, le relâchement des performances permettant à lui seul de générer des réductions de coûts significatives.

Ne pas se contenter de remettre en cause les solutions techniques, mais, grâce à un travail tous ensemble, entre la R & D et Marketing, agir sur les performances nécessaires pour le produit, en fonction de son positionnement dans la gamme, permet de concevoir un produit optimisé et adapté réellement au marché visé.

On a travaillé tous ensemble !

Cette société française, leader dans les produits verriers, depuis plus de 150 ans, a développé un centre de recherches qui a une forte capacité d'innovation. Cependant, l'innovation est souvent poussée par des nouvelles techniques, mais rarement orientée pour satisfaire un nouveau besoin, découvert grâce au design thinking, et aboutissant à un cahier des charges innovation.

Les chercheurs de cette société avaient créé un vitrage qui s'obscurcissait en fonction de la lumière : plus elle est intense plus il s'assombrit.

Les chercheurs étaient concentrés sur le problème de fabrication du verre car, dès que la surface augmentait, des « fougères » apparaissaient...

L'utilisation de cette découverte et les marchés potentiels n'étaient pas leur priorité.

Nous avons recherché les applications possibles pour ce produit, en intégrant le marketing dans notre groupe de réflexion.

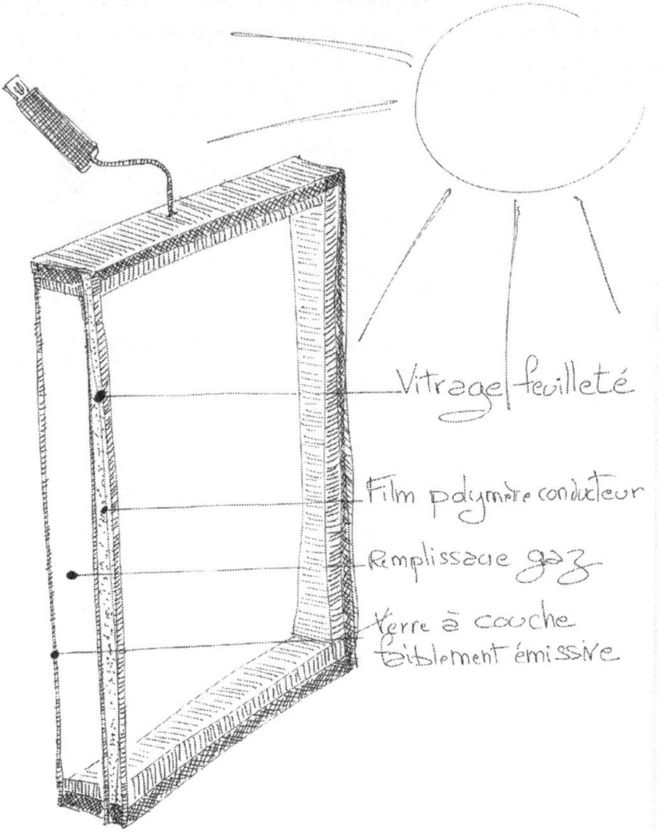

Il a été envisagé dans un 1er temps d'utiliser le vitrage électrochrome pour la rénovation des bâtiments, la caractéristique de devenir occulte avec la lumière permettant d'améliorer les performances énergétiques du bâtiment (il pouvait devenir inutile d'installer une climatisation).

Une analyse fonctionnelle du besoin a été menée et a fait apparaître des points critiques.

En cas de rénovation, il était essentiel de pouvoir être monté dans les huisseries des fenêtres existantes... L'épaisseur du verre était plus importante qu'un double vitrage et ne permettait pas de respecter cette contrainte.

De plus, la façade de l'immeuble, du fait d'une exposition à la lumière différente des fenêtres, n'était plus uniforme et les fenêtres étaient plus ou moins foncées. Il fallait convaincre l'architecte d'accepter cette modification de l'aspect extérieur de son immeuble.

La piste rénovation a été abandonnée et l'utilisation pour un immeuble en construction limitée à l'accord de l'architecte.

Le marché du bâtiment n'a plus été jugé prioritaire pour le vitrage électrochrome.

Il a aussi été envisagé pour le marché automobile, en se centrant sur les rétroviseurs internes, pour éviter l'éblouissement d'une voiture derrière en pleins phares.

Une analyse des risques a montré qu'en cas de panne de l'alimentation électrique du vitrage, celui-ci devenait totalement noir et le rétroviseur était inutilisable, ce qui était inacceptable en termes de sécurité.

L'utilisation potentielle pour le secteur automobile est l'équipement des toits ouvrants, mais ce marché est une niche, avec des volumes faibles.

En faisant une séance de créativité, tous ensemble, nous avons « profité » du fait que le vitrage devenait totalement noir, lorsqu'il n'était plus alimenté électriquement, pour viser le marché des cloisons intérieures (bureaux, maisons, etc.) avec la possibilité d'avoir une cloison transparente ou occulte, selon les besoins.

On a travaillé tous ensemble !

Autre exemple, cette société spécialisée dans les automates analyseurs de sang. Elle est devenue leader européen dans son secteur et a commencé, comme Apple, dans le garage de son créateur, il y a plus de 50 ans.

Le nouveau directeur R & D, que j'avais connu lorsqu'il était dans un grand groupe aéronautique, m'avait demandé d'intervenir sur le projet d'un automate qui devait être lancé dans les 6 mois sur le marché américain.

Il avait des doutes sur le produit en fin de développement, en particulier sur sa véritable adéquation avec le marché ciblé.

Il était habitué, dans son précédent métier, à encadrer des projets complexes, et à la mise en œuvre d'une véritable démarche projet, basée sur une équipe pluridisciplinaire et une forte communication entre les acteurs... Ce qui, selon son analyse, était loin d'être le cas dans cette société.

Nous avons organisé une réunion de travail de l'équipe projet, en mettant autour de la table, pour la première fois, les représentants du service marketing et la R & D... Ce qui était pour le moins surprenant, étant donné que la solution était finalisée et le développement presque terminé !

Nous avons décrit le besoin « du marché américain » sous forme de fonctions (les fonctions « classiques » d'un automate d'analyse de sang) et nous avons ensuite précisé les critères de performance en les valorisant... Lorsque nous cherchions à valoriser les critères de performance, la réponse venait systématiquement de la R & D, les personnes du marketing étaient étonnamment silencieuses.

Au bout de quelques minutes, nous avons posé la question suivante :

« Les niveaux de performance que vous nous donnez sont-ils ceux demandés par les utilisateurs américains ou les valeurs que votre produit sait réaliser ? »

La réponse a été :

« Celles que notre produit remplit ! »

Vous pouvez imaginer sans mal notre désarroi.

Le produit avait été conçu sans prendre en compte le besoin des clients, mais sur la base de ce que l'équipe R & D savait facilement faire.

Nous avons demandé à l'équipe projet d'arrêter momentanément le développement et confié au service marketing le soin de qualifier et quantifier les exigences des utilisateurs américains.

Quelques mois plus tard, les résultats sont tombés : les habitudes de travail des utilisateurs américains étaient totalement différentes de celles des Français. Ainsi, par exemple, les médecins américains réalisent directement dans leur cabinet des analyses de sang sans recourir à des laboratoires.

Les paramètres sanguins étudiés sont différents de ceux recherchés le plus fréquemment en France.

Le produit développé était tout à fait inadapté pour le marché américain.

Il a fallu complètement revoir la conception de l'automate et la mise sur le marché a été différée de 18 mois.

Un travail « tous ensemble » dès le lancement du projet aurait mis en évidence ces lacunes graves et le projet aurait été sur les rails rapidement, la date de mise sur le marché américain (Time to Market) aurait été respectée et le budget de développement n'aurait pas été presque doublé.

CHAPITRE 5

LES RELATIONS AU SEIN DE L'ÉQUIPE PROJET

Les relations au sein de l'équipe projet, pluridisciplinaire, sont essentielles pour l'efficacité du travail en commun.

> « Se réunir est un début, rester ensemble est un progrès, travailler ensemble est la réussite. »
>
> Henry Ford,
> *ingénieur et fondateur*
> *de la marque automobile Ford*

Les choix doivent pouvoir être partagés et effectués avec l'ensemble des membres de l'équipe, même si le chef de projet doit conserver son droit d'arbitrage et de décision. Si les décisions deviennent consensuelles, la motivation de l'équipe sera amplifiée et la réussite du projet garantie.

Il faut parvenir à ce que chacun des participants fasse fi de son orgueil, de son attachement à sa propre vision et à sa solution...

Pour y parvenir, il faut utiliser des méthodes objectives rendant la décision collective évidente.

Trop souvent le développement d'un produit ou service est séquentiel :

– Nous l'avons déjà vu, la direction impose souvent des contraintes et un périmètre, sans négociation, et désigne l'équipe projet qui doit accepter le cadre sans broncher. Nous avons pu illustrer dans un chapitre précédent la nécessité absolue du partage avec le chef et son équipe dès le lancement du projet.

– Nous avons aussi largement insisté sur l'importance du dialogue entre le marketing et le chef de projet. Le marketing doit faire partie intégrante de l'équipe projet et son rôle ne s'arrête pas à la remise du brief et/ou du cahier des charges. Il doit participer aux réunions déterminantes, marquant les étapes du développement de la solution, et est donc impliqué par l'ensemble des décisions et orientations qui seront prises durant la vie du projet.

– De la même façon, la production n'intervient souvent que lorsque la solution a été finalisée, et qu'elle doit être fabriquée. Les personnes de la production doivent être associées à la vie du projet, le plus tôt possible et de façon continue. Cela évite des choix techniques très difficiles à assumer en production, alors qu'une modification limitée du design aurait permis d'avoir une facilité de production, une réduction des investissements et une maîtrise de la qualité.

– Selon la nature des projets, il est souvent important d'intégrer dans l'équipe un représentant des achats, de la logistique, du service commercial. Toutes les personnes qui seront concernées par les choix du produit doivent pouvoir s'exprimer le plus tôt possible, les décisions seront ainsi optimales et les impacts seront identifiés et pris en compte rapidement.

Par contre, la participation des membres pluridisciplinaires de l'équipe projet ne pourra être efficace et appréciée par l'ensemble de ceux-ci que si les réunions plénières sont limitées et si leur bon déroulement est assuré par une animation, par le chef de projet, sur la base d'outils ou de méthodes simples, et structurées, ce qui permettra de progresser tous ensemble, en maintenant une dynamique commune.

Nous avons déjà vu au cours des chapitres précédents que la première étape était un partage et une adhésion aux objectifs du projet, la suivante étant un accord sur le cahier des charges à remplir grâce à une interaction, au sein de l'équipe projet entre le marketing et essentiellement la R & D.

Bien sûr, toutes les méthodes de team building sont importantes pour créer la cohésion au sein de l'équipe. Il n'est pas toujours indispensable de faire tous ensemble de l'accrobranche ou du saut à l'élastique. Une activité ludique ensemble est souvent un moyen de créer un ciment au sein de l'équipe, cela peut être aussi un repas convivial... Il y a une multitude de possibilités.

Une réunion de l'équipe projet, avec l'application d'une méthode participative, qui aboutit à des découvertes et à des prises de décisions pour le projet, peut être aussi une bonne base pour générer l'esprit d'équipe.

Le directeur des programmes « satellites de communication », dans une société française de conception et construction de ces appareils, nous avait sollicités, il y a quelques années, pour trouver un moyen de réduire la durée globale, entre le démarrage de la conception et la livraison sur le pas de tir.

Le marché des satellites étant très concurrentiel, la société s'était engagée auprès d'un client (engagement qui lui avait permis de remporter l'appel d'offres) à livrer le satellite dans un délai maximum de 24 mois. À l'époque, la durée « normale » était de 36 mois, le challenge était de taille, d'autant plus que la société, souhaitant obtenir cette commande, avait accepté une pénalité par jour de retard de 7 500 € !

Nous lui avons proposé de changer la façon de gérer les projets, en utilisant le planning comme un outil de gestion et non comme une obligation sans intérêt réel. Il s'agissait de ne plus se contenter de suivre le chemin critique du planning et d'accepter sa dérive, en actualisant la nouvelle date de fin.

Pour cela nous avons mis en place une démarche différente :

– Le planning doit être fait entre le chef de projet et les responsables des tâches, et doit être ensuite synthétisé par le chef de projet ;

– Ce planning servira de base pour une analyse, avec toute l'équipe projet, des risques que les tâches soient en retard ou entraînent un surcoût ou n'atteignent pas les performances attendues. Cette approche correspond à une action dynamique, anticipatrice des problèmes liés au déroulement des tâches, dans le but de lancer les plans d'actions nécessaires pour maîtriser le projet ;

– Le planning n'est plus vécu comme une obligation et une attitude passive de la gestion du projet, en ne faisant que constater les dérives ;

– Cette approche permet de faire évoluer les mentalités des personnes de l'équipe, avec le but commun de respecter les objectifs assignés au projet et en prenant conscience de l'impact des tâches de chacun sur les autres et sur le travail ;

– En analysant non pas les problèmes liés à la tâche qui va commencer, mais les risques potentiels de l'ensemble, même la dernière, il devient possible d'anticiper les plans d'action et de les lancer à temps pour que la tâche se déroule dans les meilleures conditions ;

– Dans le cas précédent, la tâche la plus critique était la dernière et le plan d'action pour traiter le risque durait 8 mois. Si l'identification avait été effectuée peu de temps avant le commencement de la tâche, le retard aurait été de 8 mois... À 7 500 € de pénalité par jour...

– Cette action anticipatrice, menée en commun avec l'équipe projet et qui était actualisée régulièrement au cours des revues mensuelles, a servi de base pour construire une véritable équipe projet, soudée et motivée. Elle a servi à réaliser le "team building"...

Cette nouvelle façon de maîtriser le projet, et non de le gérer passivement, a été ressentie très positivement au sein de la société et son effet, sur la cohésion de l'équipe, jugé très efficace.

C'est pourquoi, quelques mois plus tard, le chef d'un nouveau projet de satellites commandés par un pays d'Amérique du Sud, nous a demandé d'animer les réunions de team building de l'équipe, en analysant tous ensemble les risques de ce projet.

Pendant 3 jours, nous avons travaillé tous les matins sur les risques du planning avec toute l'équipe projet, l'après-midi étant consacré à des activités sportives (beach-volley...)

Tous les participants ont apprécié ces échanges, et ce travail en commun qui a permis de mieux comprendre les contraintes des uns et des autres et de créer des liens solides et utiles.

Pour la petite histoire, le chef de projet et son équipe sont partis pour concevoir le nouveau satellite et ont oublié les résultats de l'analyse des risques, gardant surtout en mémoire les souvenirs de ces 3 jours de "team building" qui étaient très agréables.

J'ai rencontré 6 mois après le chef de projet qui m'a dit :

« Je suis catastrophé, car nous prenons de plein fouet beaucoup de problèmes qu'il faut traiter en urgence et lorsque j'ai repris l'analyse de risques que nous avions faite ensemble lors du team building, tous ces risques avaient été identifiés, mais nous n'avons pas exploité ces résultats, étant uniquement focalisés sur l'apport pour construire l'équipe. »

Cette approche est certes une bonne façon pour souder l'équipe projet mais donne aussi des résultats pertinents pour anticiper les dérives et maîtriser le projet !

Autre méthode, le "lean development", en français, la réduction du cycle de développement, est basé sur une analyse des tâches, en examinant si elles sont vraiment utiles pour le projet, si elles sont exécutées dans les meilleures conditions (les bonnes ressources, les bonnes méthodes...) et si elles permettent à la suivante d'être effectuée sans remise en cause.

Cette démarche aboutit à un processus de développement théorique optimisé. Elle est aussi une occasion d'échanger entre les différents exécutants des tâches, ce qui est un point très positif, mais cela reste théorique, car un développement est rarement un long fleuve tranquille... Le processus optimisé théorique ne sera respecté que si une analyse anticipatrice des risques du projet est menée et suivie...

D'une façon générale, les méthodes que nous utilisons et dont nous avons parlé dans les chapitres précédents permettent de renforcer les liens entre les membres de l'équipe projet et de communiquer efficacement à l'intérieur de celle-ci mais aussi à l'extérieur.

On a travaillé tous ensemble !

Le travail en commun doit ménager les susceptibilités de chacun et être basé sur l'application de méthodes de dialogue et de décisions non contestables...

Voici l'exemple d'un parc de loisirs de la région parisienne qui avait décidé de rénover plusieurs de ses boutiques et, souhaitant limiter le montant de l'investissement, il nous avait demandé de l'accompagner sur un des chantiers.

Lors de la première réunion de l'équipe projet, il est clairement apparu que les « architectes designers » du parc avaient pris le pouvoir et s'orientaient vers des solutions sans prendre en compte les coûts associés et sans tenir compte des besoins réels des exploitants et de l'aspect opérationnel.

Un point non négociable, pour les architectes designers, était le choix qu'ils avaient effectué pour les panneaux muraux, permettant de suspendre et d'éclairer les étagères de présentation des produits à la vente.

Ces panneaux muraux étaient utilisés en Angleterre chez Big Store et aucune autre solution ne pouvait être imaginée, même si leur coût était très élevé et pénalisait fortement le budget d'investissements...

Nous avons réuni l'ensemble des personnes concernées par le projet de rénovation, en particulier le responsable des ventes des boutiques, le responsable des investissements, le responsable des travaux et bien sûr les architectes designers, mandatés par la direction du parc pour respecter la charte esthétique et éthique.

Nous avons commencé par définir, ensemble, l'objectif de ce projet et par lister les contraintes à respecter.

L'objectif était une augmentation du chiffre d'affaires grâce une valorisation du produit (nécessité d'éclairer les objets) et à un linéaire de présentation plus important (possibilité de suspendre plus d'étagères).

Les contraintes pour la solution étaient évidemment d'assurer la sécurité des vendeurs et des clients, de résister si certains s'accrochaient à une étagère pour atteindre la peluche située trop haut, mais qui était celle voulue par leur enfant...

Nous avons réussi à convaincre les architectes, après y avoir mis les formes pour les valoriser et pour ne pas les prendre de front, d'accepter d'évaluer, avec l'équipe projet, leur proposition (qui était magnifique et certainement la meilleure) et une autre, uniquement pour valider tous ensemble le choix définitif.

Pour faire cette comparaison, nous avons retenu les critères que la solution devait satisfaire de façon prioritaire, à savoir :

– La possibilité de suspendre des étagères à la hauteur voulue (positionnement vertical) et à l'endroit souhaité (emplacement horizontal, avec possibilité de placer des demi-étagères) ;

– La résistance mécanique ;

– La sécurité ;

– L'aspect visuel, l'esthétique, conformément à la charte du parc ;

– Le coût.

Un tableau a été complété avec l'ensemble de l'équipe, chaque évaluation, par rapport aux critères retenus, a été âprement négociée et n'a été appliquée qu'après avoir obtenu un accord complet des différents intervenants.

Référentiel d'évaluation		solution Big Store	alternative « Galeries de France »
positionnement vertical des étagères	toutes les positions		
positionnement horizontal des étagères	toutes les positions		
facilité d'éclairage et de connexion des spots	en 1 mn et sans outil		
conformité à la charte du parc	respect à 100 %		
résistance aux utilisateurs	choc mécanique et traction		
sécurité	aucun risque		
coût	300 €/ml		

Une explication rapide pour comprendre la lecture de ce tableau :

– En gris : le critère est satisfait au niveau requis ;

– En noir : le critère n'est pas rempli ;

– En blanc : le critère est satisfait au-delà de la valeur demandée.

La solution alternative « Galerie de France » ne permet pas l'éclairage de tablettes n'ayant pas la largeur totale du panneau mural, puisque les fils de connexion sont situés parallèlement, uniquement aux extrémités du panneau.

Dans le cas du panneau mural « Big Store », les fils de connexion sont à la fois verticaux aux extrémités mais aussi horizontaux grâce à un maillage quasi complet.

C'est pourquoi le critère « positionnement des étagères horizontalement » a été noté en noir pour la solution alternative.

La résistance est un point faible des 2 solutions...

Par contre, le coût de la solution alternative « Galerie de France » est de 150 €/ml (mètre linéaire), ce qui justifie la notation blanche, et celui de la « Big Store » 450 €/ml, ce qui explique la notation noire.

L'intervention du responsable des ventes et des magasins a permis de prendre la bonne décision :

« Nous n'utilisons jamais de demi-étagères, nous voulons bénéficier du linéaire maximum, ce critère n'est donc pas du tout discriminant pour l'exploitation. Il ne doit pas être pris en compte pour le choix. »

Étant donné l'écart de coût très important, l'équipe projet, y compris les architectes designers, a décidé de retenir la solution alternative « Galerie de France » et les économies en termes d'investissement auront été très fortes... Le budget a été réduit de 15 % uniquement grâce à cette action.

Le travail « tous ensemble », en s'appuyant sur une méthode d'analyse objective et consensuelle, a réussi à faire évoluer les personnes en douceur et à aboutir à une décision qui n'a pas suscité d'arrière-pensée, ni de frustration.

On a travaillé tous ensemble !

Un autre exemple est donné par cette société monégasque, spécialisée dans la conception et la fabrication de produits à base de plastique, essentiellement à destination du secteur automobile, qui avait confié à un ingénieur de son service recherche & développement la conception d'un nouveau produit.

Ce produit, appelé K7 (pour cassette) de porte, avait pour objectif de réduire les temps de montage sur la ligne du constructeur automobile, car étaient fixés dessus le lève-vitre électrique, la condamnation intérieure et la serrure. Avec seulement 4 vis, l'ensemble était monté sur la portière, un gain de temps important comparé à la fixation séparément des 3 sous-ensembles.

Après 2 ans de travaux, menés individuellement, la maquette du produit a été présentée à plusieurs constructeurs automobiles sans susciter d'intérêt... Le coût envisagé était, a priori, trop élevé et n'était en rien compensé par les gains de productivité sur la ligne d'assemblage.

Cette société nous a demandé d'intervenir pour rendre plus attractive la K7 de porte et vérifier si un réel marché existait.

Pour la première fois, nous avons constitué une équipe projet, en nommant chef l'ingénieur à l'origine de la solution en cours de finalisation.

La réunion de lancement de ce « nouveau projet » a été l'occasion de rédiger le cahier des charges du produit, en appliquant, tous ensemble, la méthode d'analyse fonctionnelle.

Au bout d'une heure, il est apparu clairement que la fonction initiale du produit (supporter les 3 sous-ensembles et être fixé sur la portière) était perdue de vue et, sentant que le produit n'était pas attractif en termes de coût, l'ingénieur, responsable de la conception, avait imaginé rajouter des fonctions supplémentaires, par exemple en fixant sur le produit les haut-parleurs, certains rangements… Ce qui ne faisait que compliquer l'objet et nuire encore plus à sa perception par le client potentiel.

Il a donc fallu revenir à l'objectif initial et se recentrer sur les fonctions fondamentales et prioritaires.

Une analyse de la conception du produit, avec l'équipe pluridisciplinaire enfin constituée, a permis d'identifier des gisements d'optimisation et de trouver de nouvelles solutions entraînant une réduction des coûts et rendant le tout plus intéressant. Ce travail en commun a été effectué en appliquant les principes de l'analyse de la valeur, qui évalue le juste nécessaire pour satisfaire les fonctions, en faisant abstraction des habitudes et des connaissances actuelles.

Cette approche en équipe a déjà permis de rendre le produit compétitif.

Nous avons ensuite décidé d'évaluer les risques, pour le concept retenu, de ne pas remplir les fonctions du cahier des charges.

Nous avions autour de la table toute l'équipe projet et nous avons commencé par la fonction qui a justifié le lancement de ce projet.

« Existe-t-il un risque que le produit ne puisse être fixé sur la portière ? »

Il est évident que si ce risque se réalisait, l'effet serait catastrophique : arrêt de la ligne du constructeur, image de la société monégasque détériorée de façon irréversible... L'effet était donc majeur et inacceptable.

Les personnes de l'équipe projet ont émis plusieurs causes pouvant entraîner ce risque, mais elles avaient une très faible probabilité d'arriver et leur sérénité n'était pas atteinte, jusqu'au moment où un responsable industriel a lancé :

« Vous avez pensé à la dispersion de tôlerie ? »

Cette remarque a été suivie d'un grand silence, pour 2 raisons : personne n'y avait pensé et personne ne savait exactement ce que c'était.

Le concept était basé sur la fixation par 4 points sur la portière. Or, lorsque la tôle est pliée pour donner les formes à la portière, le pliage n'est pas précis et les 4 trous de fixation peuvent se trouver décalés par rapport à ce qui avait été prévu.

Si le décalage est trop important (ce qui peut arriver souvent) la K7 ne pourra pas être fixée sur la portière.

L'effet était inacceptable, la cause entraînant cette impossibilité de montage fréquente, le concept ne pouvait être retenu, car il avait un niveau risque extrêmement critique. Les 2 ans de développement, effectué par l'ingénieur seul, ont été anéantis, le concept mis « à la poubelle » et, tous ensemble, nous avons cherché et trouvé un concept permettant de compenser les écarts de position des trous de fixations sur la portière : il suffisait, au lieu d'avoir un seul bloc rigide pour la K7, de la concevoir en 2 parties avec une liaison permettant de gérer les écarts de positionnement.

> « Échouer c'est avoir la possibilité de recommencer de manière plus intelligente. »
>
> Henry Ford,
> *ingénieur et fondateur*
> *de la marque automobile Ford*

Un travail tous ensemble dès le début du projet aurait évité 2 ans de développement inutiles et aurait permis de proposer directement aux constructeurs automobiles un produit bien placé en termes de coût et sans risques. L'accueil aurait été certainement différent !

EN GUISE DE CONCLUSION : ET SI ON TRAVAILLAIT TOUS ENSEMBLE AU SEIN DE L'ENTREPRISE, AVEC SES FOURNISSEURS, AVEC DES PARTENAIRES ?

J'ai toujours été impressionné par le potentiel des personnes rencontrées dans les différentes entreprises qui ont fait appel à moi pour les aider.

Les compétences techniques et les connaissances scientifiques de nos concitoyens n'ont rien à envier à celles des habitants d'autres pays.

La capacité d'innovation et de créativité est aussi très forte.

Par contre, tous ces points forts sont rarement mis en valeur et utilisés car ils sont inhibés par notre individualisme, nous avons des difficultés à travailler en équipe, à échanger, à partager, nous préférons préserver notre pré carré...

Les actions, les décisions sont trop souvent prises de façon individuelle, sans concertation avec les personnes qui pourraient être impliquées.

La direction d'une société de conception et de fabrication de skis avait décidé, sans analyse approfondie, sans concertation avec les autres départements de l'entreprise, de délocaliser la fabrication des skis junior dans les pays à bas coût de main-d'œuvre.

L'objectif évident était de rendre les skis compétitifs par rapport aux concurrents.

Ce choix ne règle pas tout. En effet, tous les autres fabricants peuvent opter pour la délocalisation et l'avantage concurrentiel créé devient totalement inefficace.

La véritable façon de rester en position de leader sur les marchés est de remettre en cause les choix de conception et de revoir les solutions techniques retenues, en innovant, tout en maintenant les performances initiales requises par le consommateur.

À la demande de la R & D, nous avons réuni un groupe de travail pluridisciplinaire et nous avons trouvé des idées de réduction de coût, en remettant en cause des choix techniques « traditionnels », et le nouveau prix du produit, après des actions d'optimisation, avait été tellement diminué que la fabrication en France pouvait être reprise...

Ce travail au niveau de l'entreprise, globalement, a permis d'atteindre ce résultat, qui a été salué par l'ancien président Nicolas Sarkozy, qui était venu féliciter l'entreprise d'avoir réintégré la production de ces skis, en France, dans la vallée de Chamonix, créant ainsi des emplois dans notre pays.

> « La vraie réussite d'une équipe est d'assurer la compétitivité dans la pérennité. »
>
> Alain Prost,
> *quadruple champion du monde des pilotes de Formule 1*

Ces actions d'optimisations des produits, menées en équipe, permettent de réduire les coûts de 20 à 35 % et si de telles opérations étaient menées de façon plus systématique dans les entreprises françaises, les délocalisations deviendraient inutiles et les emplois en France seraient maintenus, voire accrus… Mais c'est un autre sujet… !

Une société française, leader dans les équipements sportifs, souhaitait réduire le coût d'un sac de sport à roulettes. Elle avait confié cette action au service achats, qui, effectuant son rôle, a cherché à trouver des matériaux « moins chers ». Un nouveau tissu a été sélectionné pour la doublure intérieure, le gain était de l'ordre de quelques centimes d'euros… Loin de l'objectif fixé par la direction générale !

Nous avons réuni une équipe projet, incluant la R & D, les achats, la production.

Il est apparu clairement que la doublure servait uniquement à dissimuler la structure de renfort et le mécanisme de repli et d'extension de la poignée de tractation du sac. Le véritable gain serait obtenu en supprimant la doublure et en rendant esthétique ce qu'il fallait cacher… Le mécanisme a été simplifié en passant à une tige centrale au lieu de 2 pour la poignée, la doublure a été remplacée par un flocage et la réduction de coût induite fut importante.

L'équipe a trouvé une solution nouvelle, remettant en cause le choix de conception, grâce à ce travail tous ensemble.

L'efficacité d'une collaboration entre les membres d'une équipe dédiée à un projet ne fait pas de doute, je pense que ce livre l'a démontré sans contestation.

Il faut cependant aller plus loin. La communication, au sein d'une même entreprise, doit être étendue à l'ensemble des personnes. Les équipes, travaillant sur des projets différents, doivent échanger et créer des synergies. Cela doit commencer au sein des différents métiers, ce qui n'est pas systématique.

Pour un constructeur automobile, j'animais un groupe pour concevoir un nouveau réservoir d'essence. Nous avons suivi la logique de la conception, en définissant les fonctions et performances attendues, en recherchant des concepts alternatifs,

Au bout d'un moment, devant les hésitations, les questions émanant, j'ai posé cette question :

« En vous écoutant, j'ai l'impression que vous découvrez ce sujet. Est-ce la 1re fois que vous concevez un réservoir dans votre entreprise ? »

La réponse a bien sûr été :

« Non, nous avons déjà développé de nombreux réservoirs pour des véhicules différents, mais nous n'avons pas d'informations exploitables sur les solutions précédentes. »

Le retour d'expérience (REX) est très peu organisé et structuré. À la fin d'un projet, le responsable ne prend pas le temps de transmettre les livrables de ces différentes phases de développement et sa richesse potentielle s'éteint. Il en est de même au niveau des métiers qui ne trouvent pas le temps nécessaire pour valoriser et transmettre le travail effectué dans un projet.

Le REX, qui est un des facteurs du KM (knowledge management), est un moyen efficace d'assurer la communication au sein de l'entreprise et évite des déperditions préjudiciables d'un projet à l'autre.

Le KM ne se limite pas à l'analyse d'un projet mais regroupe, au niveau de l'entreprise et de tous les métiers, l'ensemble des initiatives, des méthodes et des techniques permettant de percevoir, d'identifier, d'analyser, de mémoriser, de partager les connaissances de chacun au profit de tous.

Pour susciter la créativité d'une équipe projet, nous effectuons, lorsque c'est possible, un benchmark (c'est-à-dire une étude comparative) des différentes solutions déjà développées pour apporter une solution aux fonctions définies, même si le niveau des performances n'est pas identique.

Cette analyse, rarement réalisée, est riche d'enseignements et évite de se lancer dans des développements inutiles. La récupération partielle de solutions existantes est souvent possible. Les risques rencontrés lors du développement de la solution ou lors de son utilisation sont aussi une source précieuse de renseignements pour l'équipe projet.

Le benchmark peut également être étendu aux produits concurrents, c'est aussi une source d'inspiration dont il ne faut pas se priver.

Nous l'avions organisé dans le secteur automobile, en louant différents véhicules et en procédant au démontage des sous-ensembles qui nous intéressaient. L'équipe projet est ainsi sortie « de son cadre » et des solutions nouvelles simples ont émergé.

> « Ils ne savaient pas que c'était impossible alors ils l'ont fait. »
>
> Mark Twain,
> *écrivain américain*

La collaboration entre l'entreprise et ses fournisseurs est en train d'évoluer fortement, les fournisseurs passent du stade de sous-traitants « dociles » à celui de « partenaires ».

Ce changement donne la liberté aux fournisseurs de s'exprimer et de faire bénéficier l'entreprise d'idées pertinentes, entraînant des réductions de coûts significatives.

Depuis des années, les constructeurs automobiles qui ont ouvert cette voie transmettent à leurs fournisseurs, non pas des plans pour fabriquer la pièce telle qu'ils l'avaient conçue et dessinée, mais un cahier des charges fonctionnel, précisant les besoins qu'elle doit satisfaire ainsi que le niveau de performance associé. Libre aux fournisseurs de proposer leur solution, si elle satisfait bien le cahier des charges...

C'est aussi une opportunité pour réunir autour de la table le client et le fournisseur, pour remettre en cause certains points pénalisant du cahier des charges et pour aboutir à une solution optimale consensuelle.

Je laisserai la phrase de conclusion de ce livre à Euripide, qui, plus de 400 ans avant Jésus-Christ, disait :

> « Aucun de nous ne sait ce que nous savons tous ensemble. »

LEXIQUE

Analyse fonctionnelle/Functional analysis

Définir les fonctions que doit remplir le produit tout au long de sa vie, de sa naissance à sa mort, en passant bien sûr par son utilisation, mais aussi par son stockage, sa fabrication, etc.

Chaque fonction est ensuite qualifiée, quantifiée à travers des critères de performance valorisés. Cette approche permet de prendre du recul par rapport à une solution potentielle et de se centrer sur le besoin du client.

Analyse de la valeur/Value analysis

Il s'agit de regarder la solution qui a été retenue à travers les fonctions à satisfaire et de déterminer, dans chacun des sous-ensembles qui la composent, le juste nécessaire pour les remplir, en chassant la surqualité et en identifiant la partie des sous-ensembles qui est là pour satisfaire directement à une nécessité, en faisant abstraction des solutions de remplacement et en ne se limitant pas au fait qu'actuellement nous ne savons pas faire autrement.

Analyse des risques

AMDEC : Analyse des Modes de Défaillance de leur Effet et de leur Criticité.

FMEA : Failure Mode and Effect Analysis.

Le défaut potentiel d'un produit (ou d'un projet) est noté à travers la gravité de l'effet (sur l'utilisateur, sur le projet...) qui lui est consécutif. Si la gravité est très faible ou extrême, le défaut sera accepté ou devra être pris en compte.

La fréquence/probabilité des causes pouvant engendrer le défaut peut être très faible ou très forte. Il est clair qu'un défaut entraînant un effet « grave » et dû à une cause fréquente représente un risque qu'il faut être capable de maîtriser. La capacité de correction est le dernier facteur de cette analyse.

Cette méthode permet de hiérarchiser les risques, grâce à leur note de criticité, et de se focaliser sur ceux considérés comme majeurs (du produit, du projet…).

Lean management

Le lean management (le mot anglais *lean* est traduit en français par « maigre ») est un système d'amélioration continue du travail, visant à éliminer les gaspillages, c'est-à-dire le temps perdu à effectuer des tâches « inutiles », pour améliorer les performances globales de l'entreprise. Il s'inspire des méthodes "lean manufacturing" mises au point par Toyota.

Lean development/Réduction des cycles de développement

Le lean development est une application des méthodes du lean management au processus de développement, en cherchant à éliminer les tâches inutiles, redondantes, inefficace pour finaliser le projet.

Design thinking (« esprit design » en français)

Le design thinking est une approche de l'innovation et de son management qui s'appuie beaucoup sur un processus d'échange et de retour avec l'utilisateur final. L'analyse fonctionnelle, identifiant les potentielles utilisations nouvelles à proposer aux clients « futurs », aboutit à la rédaction du cahier des charges innovation.

Le design thinking a été développé à Stanford dans les années 80.

Open innovation/Innovation ouverte

L'Open innovation, parfois aussi innovation distribuée, désigne, dans les domaines de la recherche et du développement, le partage, la collaboration au lieu d'un travail centré uniquement en interne.

Sa matérialisation se traduit souvent par des plates-formes mutualisées d'innovation et d'outils d'échanges.

Crowd sourcing/Externalisation ouverte/Production participative

Le crowd sourcing est l'utilisation de la créativité, de l'intelligence et du savoir-faire d'un grand nombre de personnes. Il se fait par un appel ciblé (quand un niveau minimal d'expertise est nécessaire) ou par un appel ouvert à d'autres acteurs. Le travail est éventuellement rémunéré. C'est un des domaines émergents de la gestion des connaissances.

Innovation lab

L'idée est d'associer dans un laboratoire conjoint une équipe projet de l'entreprise leader (en général une grosse entreprise) et des PME partenaires, pour accélérer les échanges et le transfert de connaissances.

Les deux entités définissent un programme de travail commun et explicite d'une durée de deux à trois ans. Les PME peuvent bénéficier d'aides publiques pour le financement de leur projet de recherche.

Benchmark

En anglais, un *benchmark* (en français un étalon ou un **repère**) est un point de référence servant à effectuer une mesure.

Il désigne aussi une étude comparative s'appuyant sur plusieurs expériences de projets déjà réalisés au sein de l'entreprise (benchmark interne) ou dans d'autres entreprises, dans d'autres zones géographiques (benchmark externe).

Design to cost/Conception à coût objectif

Cette approche intègre le coût dans toutes les phases de la conception.

Le besoin du client ne doit pas être dégradé, les solutions envisagées doivent chercher à satisfaire au juste nécessaire le cahier des charges fonctionnel et être challengées par rapport au coût cible fixé.

D'autres paramètres peuvent être pris en compte, tels que la puissance (pour les satellites), la masse (pour les avions)... Cela devient du **design to X.**

Créativité

C'est la capacité d'un individu ou d'un groupe à imaginer ou construire et mettre en œuvre un concept neuf, un objet nouveau ou à découvrir une solution originale à un problème.

De nombreuses méthodes existent pour susciter la créativité, la plus employée étant le brainstorming. Dans tous les cas, il est essentiel de bien définir le sujet à traiter...

Retour d'Expérience (REX)/ Knowledge management (KM)

Le retour d'expérience (REX) est un processus de réflexion mis en œuvre pour tirer les enseignements positifs et négatifs de projets en cours ou terminés. Ce REX analyse et recueille la démarche développée, les méthodes employées, les productions réalisées, le rôle et le niveau d'implication des acteurs concernés, ainsi que sur les moyens utilisés. Il fait partie intégrante du KM, qui regroupe et mémorise l'ensemble des compétences, processus, méthodes, outils, etc. de l'entreprise pour faciliter leur partage.

Roadmap/Feuille de route

Elle permet de communiquer et de partager efficacement une intention stratégique afin de mobiliser, d'aligner et de coordonner les efforts des parties prenantes pour atteindre un ou plusieurs objectifs.

C'est aussi la description séquencée dans le temps des offres produits ou services de l'entreprise, à horizon 1, 3 ou 5 ans.

Méthodes disruptives

Toutes les méthodes qui obligent les personnes à sortir des sentiers battus, à prendre le problème à contre-pied, à sortir du cadre, pour innover, créer, inventer.

Time to Market/Délai de mise sur le marché

Réduire le délai nécessaire pour le développement et la mise au point d'un projet ou d'un produit, en raccourcissant leur cycle de vie, peut permettre à une entreprise et/ou une marque d'améliorer de manière significative sa rentabilité mais aussi lui donner la possibilité de prendre un avantage concurrentiel décisif.

« Ce n'est pas parce que les choses sont difficiles que nous n'osons pas, c'est parce que nous n'osons pas qu'elles sont difficiles »

Sénèque,
philosophe romain, 1er siècle après J.C

N° d'éditeur : 3840 Dépôt légal : Octobre 2017

Imprimé en France
FROC03n0717271017
18011FR00015B/146/P

9 782754 738408